당신도 지금 당장 비거리 30야드 더 보낼 수 있다!

원리를 알면
나도
골프
황제

김선웅
김창국
이근춘 지음
김태윤

dcb

머리말

골프 이론과 실험에 10,000시간!

'일만 시간의 법칙'이 있습니다. 말콤 글래드웰(Malcolm Gladwell)의 베스트셀러 '아웃라이어(Outliers)'에서의 핵심 개념으로 어떤 일을 목적을 뚜렷이 가지고 줄기차게 그것도 즐기면서 1만 시간을 하면 그 분야에서 성공한다는 뜻입니다.

1만 시간이란 대략 하루 3시간, 1주일에 20시간씩 10년간 연습한 것과 같습니다. 피겨여왕 김연아가 그랬고, 시대의 아이콘으로 불리는 스티브 잡스(Steve Jobs)도 그랬다고 합니다. 무협지를 보면 무도를 닦으러 산속에 들어가서 10년만에 스승으로부터 "이제는 내게 더 배울 것이 없다."라는 말을 듣고 하산해서 무림의 정의구현을 위해 몸을 불사르는 영웅의 이야기가 나옵니다. 그들은 타고난 재능과 천재성만으로 정상에 오른 것은 물론 아닙니다. 어떤 일에 1만 시간을 투자한 사람은 많겠지만, 그중에는 성공하는 사람과 실패하는 사람이 있습니다. 성공한 사람은 전략적 목적을 뚜렷하게 하고 지독하게 그것도 즐기면서 끝까지 매달리는 사람이겠지요.

옛 성인은 이렇게 말했습니다. "학문도 즐기는 자를 따를 자가 없다."

필자는 정년퇴임 7년 전인 2003년 골프에 호기심을 갖고 심취해서 몰입한 이후 어느덧 11년이 됐습니다. 운동을 좋아하고 호기심이 많은 필자로서는 골프가 물리학에 가깝고 접근하기 쉽고 재미가 있었습니다. 물론 과학이란 것은 지식 자체가 아니라 왜 옳고, 어디까지가 옳고, 무엇이 그르며, 얼마만큼 믿어야 할 지를 탐색해가는 하나의 과정일 뿐입니다.

어디까지가 옳고, 무엇이 그른가?

과학이 물론 항상 옳은 것은 아니지만, 그래도 객관성이 있고 이론과 실험을 통해 검증을 거듭함으로써 점점 진실에 접근해갈 수 있습니다. 필자는 11여년 동안 100여권의 골프 관련 책자와 500여편의 논문을 읽고, 또한 피팅샵 3업체를 다녀보면서 어디까지가 옳고, 무엇이 그르며, 얼마만큼 믿어야 할지를 곰곰이 생각하고, 그것들이 물리학적으로 합리성이 있는지를 곰곰이 생각하고 또 생각해 보았습니다.

비과학적인 책과 논문, 황당한 피팅이론, 난무하는 골프대가들의 이론들은 필자를 무척이나 괴롭혔습니다. 도무지 이해할 수 없는 그들만의 이론들은 무엇일까요? 30~40년의 경험을 내세우는 분들, 물론 그 분들의 주장에는 합리적인 부분도 많지만, 과학을 전공한 사람의 입장에서 보면 논리적이지 못한 부분도 많았습니다.

필자는 궁금함을 해결하지 못하고, 결국 2008년부터 스스로 골프볼이 날아가는 원리를 찾기 시작하였습니다. 그로부터 3~4년간 수많은 논문과 서적을 섭렵하며, 2,000여개의 골프볼을 직접 타격하면서 그 원리를 찾아 헤매었습니다.

최고 수준의 골프볼 궤적프로그램

그렇게 3~4년간 몰입한 끝에 골프볼 궤적프로그램(KH-Golf-Trajectory)을 개발하기에 이르렀습니다. 일간신문과 골프잡지사의 어떤 기자는 필자에게 다음과 같이 말했습니다. "아주 잘 맞네요. 마치 일부러 조작한 것 같아요."

필자도 흥분했고 그 기자도 흥분했습니다. PGA와 LPGA 자료, USGA 골프볼 실험규격 등과도 비교했고, 자체 실험결과와도 그 정확도를 비교했을 때 놀랍게도 98% 이상의 정확도를 보였습니다. 그러나 아쉽게도 국내 골프문화에서는 이러한 프로그램에 대해 시큰둥하면서 "정확한 것이 뭐 필요 있나요?"라는 반응을 보였습니다.

그러나 필자는 이에 좌절하지 않았습니다. "이 연구가 필요할 때가 반드시 있을 것이다." 과학자는 연구결과를 남이 알아주지 않더라도 섭섭하게 생각해서는 안 됩니다. 그저 진리만을 쫓을 뿐입니다. 피팅전문가 중의 한 사람인 미국의 제프 시트(Jeff Sheets)는 그의 『퍼펙트 피트(The Perfect Fit)』라는 책자의 머리말에서 수차례에 걸친 피팅의 요체는 '골프볼의 비행원리(flight laws)'를 이해하는 것이라 했습니다. 골프의 대가라는 톰 윗슨(Tom Wishon)도 그랬고, 피팅의 대가들이라는 사람들 모두 그렇게 이야기합니다.

과연 우리나라의 피팅전문가들과 골프지도자들은 이 원리를 얼마나 이해하고 있을까요?

골프볼 30야드 더 보내기

본 서적은 골프볼 궤적프로그램의 분석에서 출발합니다. 골프볼 비거리 30야드 더 보내기를 그 출발점으로 합니다.

그것이 가능하냐구요? 가능합니다. 최적의 로프트각, 런치각, 백스핀값, 앞바람과 뒷바람의 세기에 따른 타격방법, 오르막내리막 경사에서의 타격방법 등에서 골프볼의 비거리를 30야드 더 보내는 과학적인 원리와 방법을 제시합니다. 또한 우드와 아이언으로 골프볼을 어떻게 타격해야 비거리가 증가할 수 있는가도 언급하였습니다. 특히 해발 2,000m가 넘는 지역에서의 골프볼 타법은 최초라고도 볼 수 있을 것입니다.

샤프트, 헤드와 볼의 선택

골프에서 샤프트는 헤드와 더불어 골퍼에게는 매우 중요한 것들입니다. 그런데 실제로 피팅샵이나 골퍼샵에서 클럽판매업자들은 얼마나 좋은 샤프트를 고객인 골퍼들에게 제공했을까요?

샤프트의 길이를 늘여 비거리를 향상시켰다고 자랑하는 골퍼도 있습니다. 그리고 분명히 골프볼을 똑바로 타격했는데도 옆으로 날아가는 볼 혹은 그린에서 홀 옆을 살짝 비켜 굴러가는 볼도 있습니다. 또한, 헤드속도에 따 라 볼을 선택해야 한다는 황당한 볼피팅 이론도 있습니다. 세기의 과학자 아인슈타인(Albert Eintein)은 "신은 주사위놀이를 하지 않는다. 모든 것은 있을만 하니까 있는 것이다."라고 말했습니다. 모든 현상에는 그 이유가 있습니다.

2011 KPGA와 PGA 선수들의 드라이버 능력

2011년 동해오픈에서 118명의 KPGA 투어 선수와 2011년 1년 동안 185명의 PGA 투어 선수들의 드라이버 관련자료인 헤드속도, 볼속도, 스매시계수, 런치각, 스핀값, 볼높이, 비거리 등을 비교·분석한 결과를 보고 우리 선수들의 현주소를 한번 뒤돌아보았습니다.

지금까지 이런 분석자료는 없었습니다. 우리도 이런 것들을 자료화(database)하여 선수나 선수 지망생들에게 제공할 수 있는 시스템을 갖춰야 합니다. 이것이 바로 과학적인 선수관리의 바탕입니다.

스포츠와 과학이 만날 때

경험은 물론 매우 중요합니다. 그러나 경험에만 지나치게 안주해서는 안 됩니다. 우리의 골프문화도 스포츠과학에 근거한 경험과 과학을 융합(fusion of experience and science)시켜야할 시기가 도래하였습니다. 그래야 골퍼들이 시간과 비용을 절감하면서 스파르타식 훈련에서 벗어나 골프 그 자체를 즐길 수 있는 골퍼로 새롭게 태어날 수 있을 것입니다. 아마추어는 감으로 말하고 프로는 과학적통계로 말한다.

2014년 10월의 어느 날
저자 김선웅, 김창국, 이근춘, 김태윤

차 례

Step 2. 골프볼을 30야드 더 보내기 위한 볼의 위치

Step 3. 내리막과 오르막 경사에서의 비거리

Step 4. 골프볼 똑바로 보내기

Step 5. 샤프트, 헤드 및 볼

Step 6. 2011 동해오픈 참가 KPGA 투어 선수 118명과 PGA 투어 선수 185명의 드라이버 능력

Step 7. 사진에서 샤프트가 휘어보이는 이유

Step 8. 3차원 골프볼 궤적프로그램
(KH-Golf-Trajectory)

골프볼 당장
30야드 더 보내기

STEP 1

신은 결코 주사위 놀이를 하지 않는다.
모든 것은 있을만하니까 있는 거다.

골프볼을
30야드 더 날려보낼 수 있나요?

 # 장면 1 : 볼이 28야드 더 날아가 측정장비를 의심하다.

2010년 3월 24일 필자는 서울시내 모 골프클럽 피팅샵에서 피팅을 같이 배우던 조 선생(40세)과 드라이버로 골프볼을 타격하고 비거리를 측정했습니다. 실제로 그분는 10년째 피팅샵을 직접 운영하고 계십니다. 그는 드라이버 헤드속도가 평균 108mph로 매우 강타자이지만, 실제 비거리는 10번 평균 약 240야드에 불과했습니다. 조 선생 자신도 10여 년간 그렇게 알고 있었습니다.

필자는 그 수치에 의아해하면서 볼을 왼쪽으로 약 5cm 옮겨놓고 다시 쳐보라고 주문했습니다. 비거리는 268야드가 나왔습니다. 무려 28야드나 더 날아간 것입니다. 20번 반복해서 실시한 평균도 마찬가지로 평균 268야드를 기록했습니다. 조 선생 자신은 물론 같이 있던 동료들도 측정장비를 의심했습니다. 트랙맨(TrackMan)이라는 골프볼 런치모니터인 측정장비를 3년이나 써왔음에도 말이지요(중앙일보 2011년 2월 25일 전면기사 : "비거리의 비밀을 풀다.") 조 선생께서는 그 이후 볼을 5cm 옮겨 놓고 타격하고 있다고 합니다.

*** 용어

▼ 트랙맨(TrackMan) : 타격된 골프볼의 속도, 발사각, 스핀 등을 측정하는 기기로 PGA, LPGA 등에서 사용한다.

장면 2 : 또다시 볼이 27야드 더 날아가다.

2011년 2월 9일 서울시내 모 골프클럽 피팅샵에서 또 다른 테스트를 할 기회가 있었습니다. 이 테스트에는 현재 피팅샵을 10년 이상 운영하고 있는 아버지와 아들이 참여했습니다. 아버지는 트랙맨 측정장치를 수년째 직접 사용해왔고, 그의 아들은 골프학과를 지망하려는 19세 학생이었습니다. 그 학생 역시 헤드속도가 약 110mph나 되는 강타자였지만, 비거리는 245야드 정도였습니다. 마찬가지로 볼의 위치와 티의 높이를 조정한 다음 타격하도록 주문했습니다. 그런데 조정 후 평균 비거리가 272야드가 나왔습니다. 아버지와 아들 모두 깜짝 놀라고 말았습니다.

장면 3 : 30년 경력의 교수도 놀랐다.

2011년 11월 11일 인천 스카이 72에서 이 교수는 골프볼을 17야드나 더 날려 보냈습니다. 이 교수는 약 30년간 골프를 한 프로이며, 신문 및 방송에서 골프 관련 해설도 하시는 골프학과 교수이십니다. 필자와 이 교수는 제자들과 함께 트랙맨과 초당 1,000장을 촬영하는 고속카메라를 이용하여 여러 가지 실험을 하였습니다.

그 실험이 끝나고 필자는 이 교수에게 드라이버를 한 번 쳐 볼 것을 제안했습니다. 몸을 풀고서 볼을 10번 친 결과 헤드속도는 약 93mph이고, 비거리는 215야드가 나왔습니다. 나이가 50세 정도인 이 교수는 자신의 비거리를 지금까지 그렇게 알고 있었습니다.

필자는 이 교수한테 볼을 약간 왼쪽에 놓고 쳐보도록 주문했습니다. 이때 비거리는 227야드가 나왔습니다. 다시 볼의 위치는 그대로 두고 티의 높이를 약 5~7mm 올리고 타격하였더니 그의 비거리는 232야드를 기록했습니다. 이 교수는 놀란 표정으로 다시 치고 또다시 치기를 반복했습니다. 그 결과 평균 비거리는 232야드로 측정되었습니다. 볼의 비거리가 무려 17야드나 더 늘어난 것이었습니다. 이 교수는 물론 그의 제자들도 크게 놀라고 말았습니다.

장면 4 : 타이거 우즈도 17야드를 더 보냈다.

타이거 우즈(Tiger Woods)와 제이 비 홈즈(J. B. Homles)는 키 185cm에 80kg의 몸무게로 체격이 매우 비슷하며, 드라이버 로프트각도 9도이고 헤드속도 역시 120mph로 거의 비슷합니다. 그러나 홈즈의 골프볼 평균 비거리는 약 304야드로, 우즈의 287야드보다 항상 약 17야드 더 나옵니다.

그런 우즈가 2011년 12월 4일 셰브론챌린지에서 우승하고 나서 어택각에 관한 이야기를 하였습니다. 그는 마이너스(-) 어택각에서 플러스(+) 어택각으로 상황에 따라 어택각을 5~8도 이상 바꿨다고 말해 사람들을 놀라게 했습니다. 타이거 우즈로서는 매우 큰 모험이었을 것이고, 그 후로 타이거 우즈와 제이 비 홈즈의 비거리는 거의 비슷해졌습니다.

장면 5 : 볼이 굴러가는 거리까지 고려하면 별 차이가 없는데…

*** 용어

- ▼ 비거리(carry distance) : 타격된 볼이 날아간 거리
- ▼ 구른거리(roll or run distance) : 볼이 지면에서 굴러간 거리
- ▼ 전체거리 (total distance) : 비거리+구른거리

어 전체거리는 같네?

로프트각 11도, 헤드속도 100mph, 어택각 5도로 볼을 타격하면 비거리는 248야드가 되는데, 이때 구른거리를 포함한 전체거리는 262야드가 됩니다. 반면 어택각 0도로 볼을 타격하면 비거리는 241야드이고, 전체거리는 262야드 정도 됩니다. 결국 전체거리는 차이가 없겠지요.

이렇게 되는 이유는 볼이 지면에 떨어질 때의 착지각(descending angle)은 어택각 5도에서는 43.7도이고, 0도에서는 34.9도이기 때문입니다. 또한 볼이 지면에 떨어질 때의 볼속도는 초기 볼속도와 관계없이 거의 일정하고, 착지각이 작을수록 볼이 많이 구르게 됩니다. 어택각이 변화해도 볼의 스핀은 거의 변하지 않습니다.

그러나 볼이 구를 수 없는 상황인 러프에 떨어지거나 해저드(hazard)에 빠진 경우, 혹은 볼이 페어웨이 중앙에 떨어졌지만 비가 온 관계로 제대로 구를 수 없는 상황이라면 문제는 달라집니다. 드라이버의 비거리를 줄여야 하는 특별한 경우를 제외하고, 비거리를 늘릴 수 있다면 그 방법을 택하는 것이 현명한 일입니다.

골프볼
30야드 더 보내는 원리

런치각에 그 비밀은 있다.

*** 용어

▼ 런치각(launch angle) : 볼이 처음 날아갈 때 지면과 이루는 각

▼ 어택각(attack angle) : 볼을 타격하는 순간 클럽면방향(면에 수직)과 지면이 이루는 각

비거리에 차이가 나는 이유는 다른 조건이 같을 때 모든 발사체가 지면과 이루는 런치각에 차이가 나기 때문입니다. 날아가는 물체의 모양, 회전 여부, 초기속도, 클럽면과의 마찰력 등에 따라 최적의 런치각은 매우 다릅니다.

헤드속도나 스핀값이 같을 때 런치각은 비거리에 결정적인 영향을 줍니다. 이 런치각을 결정하는 것이 바로 어택각이지요. 예를 들면 야구에서 홈런은 볼속도 약 105mph, 백스핀 약 2,000rpm이고, 최적런치각은 45도가 아닌 약 35도일 때 만들어집니다.

이처럼 어떤 물체가 공중을 날아갈 때 최대비거리가 되기 위한 최적의 런치각이 있게 마련입니다. 회전하며 날아가는 물체라면 더욱 복잡해집니다. 날아가는 물체인 골프볼에서는 딤플, 야구공에서는 실밥의 수(보통 108개), 즉 물체표면의 모양에 따라 최적의 런치각은 또 달라집니다.

토픽 2
세계적인 장타자들의 비밀 ●●●●

+6~9도 이상의 어택각을 사용한다.

PGA 챔피언십은 장타자들의 독무대라고 할 수 있겠지요. 2012년 8월 제94회 PGA 챔피언십이 벌어진 오션코스는 파 72에 코스의 전장이 무려 7,676야드나 됩니다. 이 코스는 장거리 코스로 악명 높은 2010년 PGA 챔피언십대회 코스인 휘슬링 스트레이츠보다 무려 169야드가 더 깁니다.

---

* 더 읽어보면 좋은 것…

이 대회에는 장타자로 알려진 10걸 중 6명이나 출전했는데, 장타 1위인 버바 왓슨(316.60야드), 로버트 개리거스(310.40야드), 로리 맥길로이(3090야드), 더스틴 존슨(308.10야드), 카일 스탠리(306.80야드), 제이슨 데이(306.50야드) 등이 바로 그들이지요. 이들이 골프볼을 타격할 때의 공통점은 헤드속도도 물론 빠르지만, 모두 +4~6도의 어택각으로 타격한다는 사실입니다.

특히 RE/MAX 월드 롱 드라이브 챔피언십(World Long Drive Championship)에서는 볼을 거의 3500야드 이상 날려 보내는데, 어택각은 +6~9도로 상당히 올려치고 있음을 볼 수 있습니다. 그들은 왜 볼을 올려칠까요? 오랜 경험으로부터 알게 되지 않았을까요? 이 경기에서 현재까지 전체거리(total distance)의 최고기록 보유자는 미국의 마이크 도빈(Mike Dobbyn)인데, 그가 2007년에 세운 기록은 5510야드(504m)입니다. 어마어마한 거리이지요

표 1-1.
드라이버 헤드속도에 따라 최대비거리를 내는 최적로프트각(다이내믹 로프트각 포함)

헤드속도(mph)	로프트각(도)	8	8.5	9	9.5	10	11	12	13	14	15	16	17	18	19
60	비거리(야드)													108	108
70												142	143	143	
80									176	177	177				
90								209	209	208					
100						241	241	240							
110					269	270	269								
120			295	297	295										
130		323	324												
적용 골퍼		프로급					일반 아마추어급				여성 및 시니어급				

※ 조건:온도 20℃, 고도 0m, 습도 50%, 바람속도 0m/s, 어택각 0도 기준

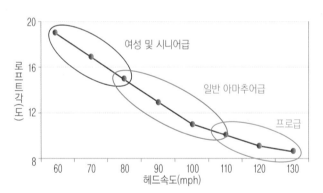

그림 1-1. 드라이버 헤드속도에 따라 최대비거리를 내는 최적로프트각

＊ 더 읽어보면 좋은 것…

드라이버 헤드속도에 따른 최대비거리를 내기 위한 헤드의 로프트각은 표 1-1과 같습니다. 샤프트가 휘어지는(bending) 정도에 따른 헤드 로프트각의 증가는 헤드 무게중심의 위치에 따라 최대 1.0~2.0도 정도입니다. 예를 들어 헤드속도가 100mph

최적의 로프트각

헤드속도에 따라 최대비거리를 내는 로프트각이 있다.

*** 용어

▼ 로프트각(loft angle) : 헤드면이 수직선과 이루는 각

여성 및 시니어들은 드라이버대신 우드 3번을 사용하자.

▼ 우드 3번의 로프트각이 더 크기 때문에 비거리가 더 나갈 수 있습니다.

인 경우 최적로프트각은 약 11.0도이지만, 여기에서 1.0도를 빼면 10.0도이고, 2도를 빼면 9.0도가 최대비거리를 내기 위한 헤드의 로프트각이 됩니다(표 1-1).

샤프트의 휘어지는 정도는 골퍼의 스윙형태에 따라 즉 템포(tempo), 트랜지션(transition), 릴리즈(release) 등에 따라 달라집니다. 따라서 샤프트를 선택할 때에는 샤프트 진동수와 자신의 샤프트가 휘어지는 각도를 보고 선택해야 합니다(그림 1-2).

*** 용어

▼ 템포(tempo) : 백스윙의 시작에서 백스윙 탑까지 걸린 시간(A). 탑에서 골프볼을 타격까지 걸리는 시간(B)의 비율, 즉 A/B이다. 이때 비율이 1.2 정도는 느린 템포이고,. 비율이 1.2~1.0 정도는 평균템포이고, 비율이 1.0 미만은 빠른 템포이다.

▼ 트랜지션(transition) : 백스윙에서 다운스윙으로 바뀌는 시간. 부드럽게-평균값-빠르게로 구분한다.

▼ 릴리즈(release) : 손목의 코킹을 푸는 위치. 일찍-중간-늦게 풀기로 구분한다.

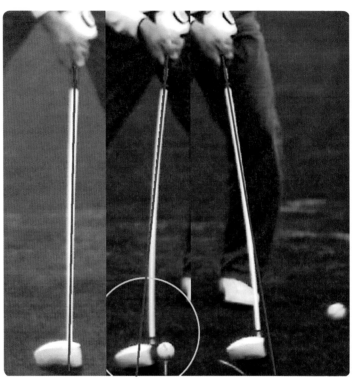

(가) 어드레스　　(나) 타격하는 순간 샤프트가　(다) 볼 타격 0.005초 후 샤프트
　　　　　　　　　　앞으로 휘어지는 모습　　가 뒤쪽으로 휘어지는 모습
　　　　　　　　　　　　　　　　　　　　과 볼의 위치

그림 1-2. 볼을 타격(impact)할 때 샤프트가 휘어지는 모습

헤드속도 110mph로 볼을 타격순간 샤프트가 앞쪽으로 휘어지기 때문에
로프트각이 커진다.

샤프트는 타격 직전에는 앞으로 휘어지고, 타격 후에는 뒤쪽으로 휘어진다.

진동수 각각 225, 245, 265cpm인 샤프트 60여 개로 타격한 모습을 찍은 사진을 조사하였더니 타격하는 순간에는 샤프트가 1.0~2.0도 앞으로 휘어졌습니다. 그러나 타격 0.005초 후에는 샤프트가 뒤쪽으로 휘어졌습니다(그림 1-2).

* 더 읽어보면 좋은 것…

샤프트가 앞으로 휘어지는 정도는 골퍼에 따라 조금씩 다를 수 있지만, 샤프트의 킥포인트가 아래에 있으면 샤프트는 더 많이 앞으로 휘어집니다. 프로들은 킥포인트가 위쪽에 있는 샤프트를 선택하여 앞방향으로 적게 휘게 하여 볼을 낮게 띄우려 하고, 아마추어들은 킥포인트가 아래쪽에 있는 샤프트를 선택하여 앞방향으로 많이 휘게 하여 볼을 더 높이 띄우려고 합니다. 이때 샤프트가 앞방향으로 휘는 정도는 최대 1.5~1.6인치이며 어드레스 때보다 최대 2.0도 정도 휘게 됩니다.

평행 어택각   내리막 어택각   오르막 어택각

그림 1-3. 드라이버에서 평행(0도), 내리막(-도) 및 오르막(+도) 어택각

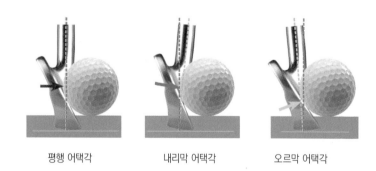

평행 어택각   내리막 어택각   오르막 어택각

그림 1-4. 아이언에서 평행(0도), 내리막(-도) 및 오르막(+도) 어택각

어택각이란?

어택각이란 클럽헤드가 볼을 타격하려고 접근하는 순간에 클럽면과 지면이 이루는 수직각을 말합니다. 플러스(+) 어택각은 볼을 올려치는 것이고, 마이너스(−) 어택각은 볼을 내려치는 것이지요.

볼을 올려치거나 내려치더라도 볼의 스핀값은 거의 변하지 않습니다. 드라이버와 아이언은 3가지 형태의 어택각이 있습니다(그림 1−3, 그림 1−4).

표 1-2.
드라이버 헤드속도에 따른 최적로프트각과 어택각 0도 및 ±5도일 때의 비거리

헤드속도	로프트각	어택각				차이		
		비거리(야드)						
(mph)	(도)	-5도	-3도	0도	5	-5도와 +5도	-3도와 +5도	-5도와 0도
60	19	94	101	108	117	24	16	14
70	17	127	135	143	151	24	16	16
80	15	160	169	177	184	24	15	17
90	13	191	200	209	215	24	15	18
100	11	218	230	241	248	30	18	23
110	10	248	259	270	277	29	19	22
120	9	276	287	297	304	28	17	21
130	8.5	304	315	324	328	24	13	20
평균						26	16	19

드라이버 헤드속도가 빨라짐에 따라 비거리가 가장 늘어나는 헤드의 최적로프트각은 +5도이다.

+5도의
어택각일 때의 비거리

① 헤드속도, 런치각과 백스핀 이 3가지가 비거리를 결정한다.

 # 드라이버는 +5도의 어택각으로 볼을 타격하는 것이 가장 좋다.

▼ 수많은 실험의 결과이다. 믿어보자!

드라이버의 비거리를 더 늘리는 일은 아마도 모든 골퍼의 희망사항일 것입니다. 그러나 그것은 생각보다 그렇게 간단하지 않습니다. 최경주 선수는 2011년 신한 동해오픈 경기시작 하루 전날 모 일간지와 인터뷰에서 "내 소원은 드라이버샷을 10야드 더 보내는 것이다."라고 했을 정도니까요.

---

* 더 읽어보면 좋은 것…

물론 수많은 연습을 하고 체력을 보강해서 헤드속도를 높이면 더할 나위없이 좋겠지요. 그러나 헤드속도를 높이는 데는 한계가 있고, 일반적으로 나이가 들수록 헤드속도는 줄어들게 마련입니다.

골프볼이 헤드와 충돌한 후 날아가는 궤적은 매우 복잡해서 지금까지는 분석이 매우 어려웠습니다. 골프볼의 비거리를 늘리기 위해 헤드속도를 높이려는 노력은 오늘도 진행 중입니다. 그런데 지금은 골프볼이 날아가는 현상을 수많은 실험과 결과 분석으로 상당한 수준까지 해석하고 예측할 수 있게 되었습니다. 다시 말해서 어택각이 비거리에 미치는 영향을 밝혀낸 것이지요.

+5도의 어택각으로 볼을 타격해봅시다. 스포츠와 과학이 만나는 순간 스포츠는 더욱 발전하고 즐거워질 것입니다.

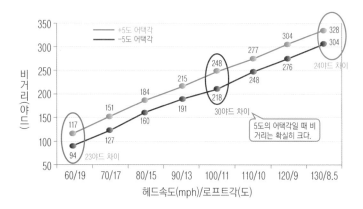

그림 1-5. 드라이버 헤드속도에 따른 최적로프트각과 어택각이 ±5도일 때의 비거리

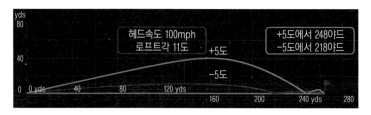

그림 1-6. 드라이버 헤드속도가 100mph이고, 어택각이 ±5도일 때의 비거리

② 로프트각은 낮추고, 어택각을 높이자. 몸이 허락한다면…

▼ 로프트각이 적으면 스핀을 줄여 비거리를 증가시킨다.

물론 +5도 이상의 어택각을 사용하는 것이 좋습니다. 예를 들어 헤드 속도가 100mph일 때 로프트각 +11도에 어택각 +5도로 볼을 타격하면 그때의 스핀은 3,053rpm이 되어 비거리는 248야드가 됩니다. 그러나 -5도 어택각일 때의 비거리는 218야드가 됩니다.

* 더 읽어보면 좋은 것…

로프트각을 +10도로 하고 어택각을 +6도로 하면 스핀값은 2,777rpm이 되어 비거리는 2490야드가 됩니다. 또, 로프트각을 +9도로 하고, 어택각을 +7도로 하면 스핀값은 2,502rpm이 되어 비거리는 2500야드가 됩니다. 이때 어택각을 +8도로 하면 스핀값은 그대로이지만 비거리는 2520야드가 되고, 어택각을 +9도로 하면 스핀은값 그대로이고 비거리는 2530야드가 됩니다.

그러나 어택각을 +9도로 하여 볼을 타격하려면 볼을 아주 왼쪽에 놓아야 하므로 골퍼(오른손 골퍼 기준)의 몸이 매우 유연해야 합니다. 그렇지 않으면 몸을 다칠 수 있습니다. 그런데 어택각은 볼스핀값에는 거의 영향을 주지 않습니다.

그림 1-7. 트랙맨(TrackMan)

트랙맨(TrackMan)은 미국 PGA와 LPGA에서 공식적으로 인정을 받아 사용 중인 골프볼 런치모니터로, 레이더를 이용하여 실시간으로 골프볼을 추적하는 장치이다.

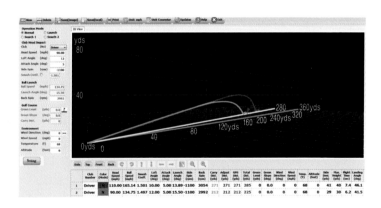

그림 1-8. 3차원 골프볼 궤적프로그램(KH-Golf-Trajectory)

필자가 개발한 세계 최고수준의 골프볼 탄도 프로그램으로, 정확도는 98.4%이다.

지금까지 왜 몰랐나?

 # 정확한 골프볼 런치모니터와 골프 궤적프로그램이 만들어졌다.

지금까지는 날아가는 골프볼을 정확하게 측정할 수 있는 기구가 없었고, 볼의 비행탄도를 풀어낼 수 있는 제대로 된 프로그램 역시 없었습니다. 그동안 수많은 측정장치가 등장했지만 무척 부정확했지요.

그러던 중에 골프볼 탄도를 비교적 정확하게 측정할 수 있는 트랙맨(그림 1-7)이라는 런치모니터가 등장했고, 이어서 실험결과 어택각 +5도의 장점을 언급하기 시작했습니다.

필자도 골프볼 탄도 프로그램(그림 1-8)을 2008년부터 개발하기 시작하여 2010년에 거의 완성했고, 그 후 2,000여 개의 볼을 타격하면서 많은 수정·보완 및 검증을 통해 세계 최초로 정확도 98.4%인 3차원 골프볼 궤적프로그램(KH-Golf-Trajectory)을 완성하기에 이르렀습니다. 이 과정에서 어택각의 장·단점을 이론적으로 계산하였는데, 이것은 실험적으로도 증명되었습니다.

표 1-3.
드라이버 헤드속도별로 어택각을 +5도로 하고 스핀값이 기어효과에 의해 ±500rpm
(헤드면의 스위트스폿 위아래 약 0.3인치에 볼이 충돌할 때) 변할 때 최소 및 최대 스
핀값에 따른 비거리차이

헤드속도 (mph)	로프트각 (도)	스핀값 (rpm)	±500 (rpm)	비거리 (야드)	비거리차이 (야드)	헤드속도 (mph)	로프트각 (도)	스핀값 (rpm)	±500 (rpm)	비거리 (야드)	비거리차이 (야드)
60	19	2,624	-500	117	0	100	11	2,553	-500	250	7
		3,124	0	117				3,053	0	248	
		3,624	500	117				3,553	500	243	
70	17	2,773	-500	152	3	110	10	2,554	-500	279	9
		3,273	0	151				3,054	0	277	
		3,773	500	149				3,554	500	270	
80	15	2,711	-500	186	4	120	9	2,502	-500	305	11
		3,311	0	184				3,002	0	304	
		3,811	500	182				3,502	500	294	
90	13	2,738	-500	218	6	130	8.5	2,573	-500	331	14
		3,238	0	215				3,073	0	328	
		3,738	500	212				3,573	500	317	

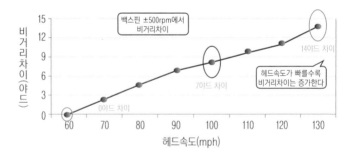

그림 1-9. 드라이버 헤드속도별로 어택각을 +5로 하고 백스핀이 기어효과에 의해
±500rpm(헤드면의 스위트스폿 위아래 약 0.3인치에 볼이 충돌할 때) 변
할 때 최소 및 최대 스핀값에 따른 비거리차이

토픽 4
백스핀과 비거리 ◎●●●

헤드속도가 빠를수록 ±500rpm에서 비거리차이는 증가한다.

*** 용어

▼ 다이내믹 로프트각 : 볼을 타격하는 순간 샤프트 휨에 의한 실질적
  인 헤드의 로프트각

어택각을 +5도로 하고 스핀값이 ±500rpm으로 변할 때 드라이버 헤드속도가 60mph에서 130mph로 빨라지면 골프볼은 14야드 더 날아갑니다(표 1-3과 그림 1-9). 이때 각각의 속도에 따른 기본 스핀값(스핀변화 0)은 헤드속도, 헤드의 로프트각을 기준으로 해서 결정한 것입니다.

*** 더 읽어보면 좋은 것…**

일반적으로는 골프볼의 스핀값이 작으면 비거리가 증가하지만, 지나치게 작으면 오히려 비거리가 감소합니다. 헤드속도와 로프트각 혹은 다이내믹 로프트각에 따른 최적스핀값은 항상 있게 마련입니다. 헤드속도 증가에 따라 비거리의 차이도 증가하지만, 속도가 느릴 때는 그 차이가 매우 작습니다. 이 경우 반발계수의 변화는 고려하지 않았습니다.

표 1-4.
어택각에 따른 아이언의 비거리

아이언의 어택각에 따른 비거리(야드)								
클럽(8개) 번호	3I	4I	5I	6I	7I	8I	9I	10I
로프트각(도)	21	24	27	31	35	39	43	47
헤드속도(mph)	98	96	94	92	90	88	86	84
어택각 (도) −5	205	191	180	168	157	145	132	120
0	202	188	176	164	152	140	128	116
5	197	182	170	155	143	132	120	109
어택각 ±5도에서 비거리차이(야드)	8	9	10	13	14	13	12	11

　　모든 아이언은 마이너스(−)어택각에서 비거리가 더욱 늘어난다. 어택각이 −5도
일 때의 비거리는 +5도일 때의 비거리보다 멀다. 드라이버와는 반대현상이다.

※ 온도 20℃, 고도 0m, 습도 50%, 바람속도 0m/s인 경우

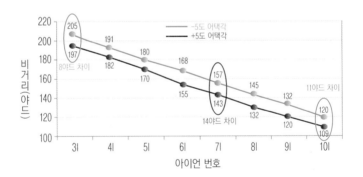

그림 1-10. ±5도 어택각일 때 8개 아이언의 비거리

　　표 1-4를 그림으로 나타냈다. 아이언은 −5도 어택각으로 볼을 타격할
때 비거리가 더욱 크다.

\# 아이언은 '−' 어택각으로 볼을 타격할 때 비거리가 증가한다.

\# 드라이버는 '+' 어택각으로 볼을 타격할 때 비거리가 증가한다.

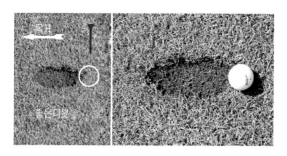

그림 1-11. 아이언에서 최적의 타격지점인 볼의 앞부분

오른쪽 그림에서는 볼의 앞쪽 지면이 목표방향으로 가장 낮게 파여 있다. 왼쪽 그림은 볼을 타격하고 나서 볼이 놓여 있던 자리에 다시 볼을 놓은 디봇의 위치이다.

* 더 읽어보면 좋은 것…

아이언은 드라이버와 다르게 볼을 타격할 때 오히려 '−'어택각에서 비거리가 더 많이 나옵니다(표 1-4). 이것이 아이언으로 타격할 때 골프볼을 찍어치는 이유입니다(그림 1-10, 그림 1-11). 아이언은 샤프트의 휘어짐이 아주 적기 때문에 이때의 로프트각은 실제의 헤드 로프트각과 같습니다.

표 1-5.
PGA 투어 선수들의 4년 평균 헤드속도를 포함한 총 9개 부분의 자료(트랙맨 자료)

PGA 투어 선수								
	헤드속도 (mph)	어택각 (deg)	볼스피드 (mph)	스매시계수	런치각 (deg)	스핀값 (rpm)	볼높이 (yds)	착지각 (deg)	비거리 (yds)
Driver	112	-1.3°	165	1.49	11.2°	2,685	31	39°	269
3-Wood	107	-2.9°	158	1.48	9.2°	3,655	30	43°	243
5-Wood	103	-3.3°	152	1.47	9.4°	4,350	31	47°	230
Hybrid 15~18°	100	-3.5°	146	1.46	10.2°	4,437	29	47°	225
3Iron	98	-3.1°	142	1.45	10.4°	4,630	27	46°	212
4Iron	96	-3.4°	137	1.43	11.0°	4,836	28	48°	203
5Iron	94	-3.7°	132	1.41	12.1°	5,361	31	49°	194
6Iron	92	-4.1°	127	1.38	14.1°	6,231	30	50°	183
7Iron	90	-4.3°	120	1.33	16.3°	7,097	32	50°	172
8Iron	87	-4.5°	115	1.32	18.1°	7,998	31	50°	160
9Iron	85	-4.7°	109	1.28	20.4°	8,647	30	51°	148
PW	83	-5.0°	102	1.23	24.2°	9,304	29	52°	136

표 1-6.
LPGA 투어 선수들의 4년 평균 헤드속도를 포함한 총 9개 부분의 자료(트랙맨 자료)

LPGA 투어 선수								
	헤드속도 (mph)	어택각 (deg)	볼스피드 (mph)	스매시계수	런치각 (deg)	스핀값 (rpm)	볼높이 (yds)	착지각 (deg)	비거리 (yds)
Driver	94	3°	139	1.48	14°	2,628	27	36°	220
3-Wood	90	-0.9°	132	1.47	11.2°	2,704	23	39°	195
5-Wood	88	-1.8°	128	1.47	12.1°	4,501	26	43°	185
7-Wood	85	-3.0°	123	1.45	12.7°	4,693	25	46°	174
4Iron	80	-1.7°	116	1.45	14.3°	4,801	24	43°	169
5Iron	79	-1.9°	112	1.42	14.8°	5,081	23	45°	161
6Iron	78	-2.3°	109	1.39	17.1°	5,943	25	46°	152
7Iron	76	-2.3°	104	1.37	19.0°	6,699	26	47°	141
8Iron	74	-3.1°	100	1.35	20.8°	7,494	25	47°	130
9Iron	72	-3.1°	93	1.28	23.9°	7,589	26	47°	119
PW	70	-2.8°	86	1.23	25.6°	8,403	23	48°	107

PGA 투어 선수들의 2004~2008년 어택각의 최소 및 최대는 −8.9~5.5도이지만, 평균은 −1.3도이다.

PGA 투어 선수들의 드라이버 어택각은 평균 −1.3도, LPGA 투어 선수들의 드라이버 어택각은 평균 +3도이다.

*** 용어
▼ 스매시계수(smach factor) : 볼속도를 헤드속도로 나눈 값

　PGA 투어 선수들은 드라이버 타격 시 평균 −1.3도의 어택각을 사용하지만, LPGA 투어 선수들은 평균 +3도의 어택각을 사용하고 있습니다(표 1-5, 표 1-6).

　전체적으로는 클럽의 번호가 점점 높아짐에 따라 어택각은 점점 '−' 어택각으로 절대값이 점차 증가하고 있습니다. 이것은 이론적으로도 지극히 정상적이라 할 수 있습니다(그림 1-12).

　미국 LPGA 투어 선수들은 드라이버 타격 시 +3도의 어택각을 사용하지만, PGA 투어 선수들은 왜 −1.3도의 어택각을 사용했을까요?

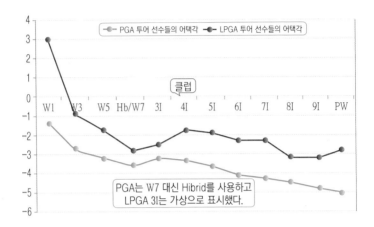

그림 1-12. PGA와 LPGA 투어 선수들의 클럽별 4년 평균 어택각

PGA 투어 선수들의 클럽 중에 W7은 하이브리드를 의미하고, LPGA 투어 선수들은 아이언 3번(가정하여 표시)을 사용하지 않았다(표 1-5 및 표 1-6의 어택각을 표현했다).

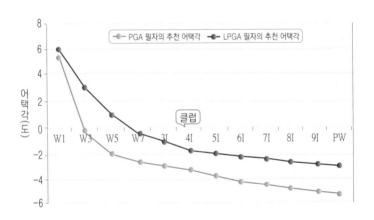

그림 1-13. 필자가 제안하는 클럽별 이상적인 어택각

PGA 투어 선수들도 어택각을 +5도로 치면 비거리는 상당히 늘어난다

LPGA 투어 선수들은 드라이버 비거리에 대한 절실함 때문에 자연적으로 +3도의 어택각을 만들었고, PGA 투어 선수들은 거리에 대한 절실함이 비교적 적었던 것으로 해석할 수 있습니다. 물론 PGA 투어 선수들도 +3도 혹은 +5도로 볼을 타격하면 비거리는 더 늘어나겠지요.

또 다른 가정을 해보면 PGA 투어 선수들은 -1.3도의 어택각을 사용하므로 볼이 지면에 떨어질 때 착지각이 작아져 비거리는 짧지만, 다행히 볼이 굴러가는 거리가 증가하여 그 차이를 못 느꼈을 수도 있습니다.

우드는 쓸어쳐야만 하는가?

특이한 점은 PGA와 LPGA 투어 선수들 모두 3, 4, 5번(혹은 하이브리드) 우드를 쓸어치는 경우는 거의 없다는 것입니다. 그런데 우리는 어떻게 가르치고 있습니까? 우드는 모두 쓸어치라고 지금도 가르치고 있습니다.

---

* 더 읽어보면 좋은 것…

클럽별로 가장 이상적인 어택각은 얼마일까요? 사실 이것은 헤드속도에 따라 약간씩 달라지지만, 근본적인 것은 드라이버는 +4~+6도 정도의 어택각에서 시작하고, 우드는 클럽번호가 높아질수록 '-'어택각으로 볼을 타격한다면 비거리는 최대가 될 것입니다(그림 1-13).

표 1-5와 표 1-6은 수많은 데이터를 기반으로 만들어진 것입니다. 이것은 투어 선수들이 어떻게 볼을 타격하는지에 대한 좋은 정보가 될 것입니다.

표 1-7.
드라이버 헤드 중앙에서의 속도가 100mph일 때 어택각 +5도에서 클럽면 충돌위치에 따른 비거리

	볼의 충돌위치 (인치)		로프트 각(도)	헤드 속도 (mph)	반발 계수 (COR)	볼 속도 (mph)	스매시 계수	백 스핀값 (rpm)	스핀값 변화량 (rpm)	비거리 (야드)	기어효과 (스핀값)
경우1	위	0.5	12	98.2	0.82	146.4	1.49	2,343	−710	244	스핀 감소
	중앙	0	11	100	0.83	149.9	1.499	3,053	0	248	-
	아래	0.5	10	101.8	0.82	151.7	1.49	4,128	1,075	237	스핀 증가
경우2	위	0.5	13	98.2	0.82	146.4	1.49	2,749	−304	244	스핀 감소
	중앙	0	11	100	0.83	149.9	1.499	3,053	0	248	-
	아래	0.5	9	101.8	0.82	151.7	1.49	4,015	962	240	스핀 증가

표 1-8.
드라이버의 로프트각이 11도, 어택각이 +5도일 때 헤드 중앙에서의 속도 100mph를 기준으로 해서 클럽면이 볼과 충돌할 때 클럽면 중앙으로부터 ±0.5인치에 따른 자료

충돌 위치	헤드 속도 (mph)	반발 계수 (COR)	볼속도 (mph)	스매시 계수	백 스핀값 (rpm)	사이드 스핀값 (rpm)	합성된 스핀값 (rpm)	비거리 (야드)	볼방향
① 중앙	100	0.83	149.9	1.499	3,053	0	3,053	248	목표
② 토우	102.7	0.81	152.3	1.483	3,053	−670	3,125	250	후크성
③ 힐	97.3	0.81	144.3	1.483	3,053	670	3,125	235	슬라이스성
④ 위	98.2	0.82	146.4	1.49	2,343	0	2,343	244	목표
⑤ 아래	101.8	0.82	151.7	1.49	4,128	0	4,128	237	목표

저중심 · 저스핀 헤드가
비거리를 증가시키는가?

\# 저중심헤드의 사용은 런치각을 높이기 위한 방법이다.

 볼이 스위트스폿에 충돌할 때의 헤드가 저중심 · 저스핀이라면 비거리는 분명 증가할 것입니다. 최근에 출시되는 드라이버는 헤드면 중앙의 스위트스폿에서 약간 위쪽으로 볼을 타격하면 스핀값이 줄고, 무게중심은 헤드면 중앙 아래쪽 있는 저중심이어서 비거리가 상당히 증가한다고 광고하고 있습니다. 과연 그럴까요?

---

* 더 읽어보면 좋은 것…

 헤드면 중앙에서 약간 위쪽으로 볼을 타격하면 스핀값은 줄지만, 헤드속도와 반발계수는 감소하여 비거리는 오히려 감소하게 됩니다(표 1-7, 1-8). 그리고 저중심헤드는 볼의 런치각을 크게 하려는 방법이므로, 어택각을 크게 하면 됩니다. 사실 골프볼의 스핀값은 좀 더 정확하게 말하면 헤드속도, 헤드의 로프트각, 볼 타격 시의 다이내믹 로프트각, 어택각의 4가지에 의해 결정됩니다.

그림 1-14. 드라이버 헤드면 중앙에서의 속도를 100mph(①)로 가정한 경우 헤드면의 위치에 따른 헤드속도

그립으로부터의 거리, 즉 회전반경의 차이에 의해 속도차이가 발생한다. 헤드면의 각 숫자는 헤드속도이고, 헤드면 중앙의 ①번과 ② · ③번 사이의 거리는 3/4인치이고, ①번과 ④ · ⑤ 사이의 거리는 1/2인치이다.

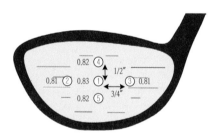

그림 1-15. 드라이버 헤드면 중앙에서의 반발계수를 0.83(①)으로 가정한 경우 헤드면의 위치에 따른 반발계수

헤드면 중앙의 ①번과 ② · ③번 사이의 거리는 3/4인치이고, ①번과 ④ · ⑤ 사이의 거리는 1/2인치이다. 헤드면 중앙에서 볼과의 반발계수가 가장 크다(트랙맨 자료).

헤드면 중앙에서 위쪽 0.5인치 지점으로 볼을 타격하여 스핀 값이 줄면 비거리가 증가할까?

▼ 기어효과로 스핀값은 감소하고, 반발계수와 헤드속도의 감소로 비 거리도 줄어든다.

예를 하나 들어 보겠습니다. 헤드의 로프트각이 11도, 헤드속도 100 mph, 어택각 +5도로 헤드면 중앙과 헤드면 중앙에서 위·아래쪽 0.5인 치 지점으로 볼을 타격하여 스위트스폿에 충돌시킬 때 비거리가 가장 멉 니다(표 1-7). 결국은 저중심 헤드는 단순히 어택각을 높이기 위한 하나 의 방법이기도 하다는 이야기이지요. 어택각의 증가는 런치각의 증가로 이어집니다.

스위트스폿에서 어택각 +5도로 볼을 타격하자!

표 1-7은 헤드면의 위·아래 방향의 곡률인 롤(roll)을 고려하여 헤드 면 중앙에서 위·아래쪽 0.5인치에서 헤드의 로프트각을 2가지로 가정하 여 계산한 것입니다. 여기에서 스매시계수란 볼속도를 헤드속도로 나눈 값으로, 클수록 좋습니다. 헤드와 볼의 충돌위치에 따른 볼의 백스핀값은 기어효과를 이용하여 계산했습니다.

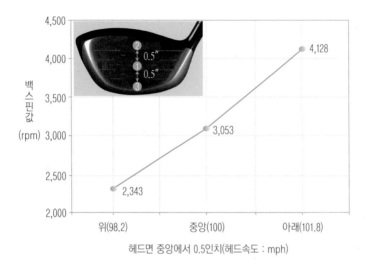

그림 1-16. 드라이버 헤드면 중앙에서의 헤드속도가 100mph일 때 헤드면 중앙에서 위·아래쪽으로 0.5인치 지점에서 볼을 타격하는 경우 헤드속도와 백스핀값의 변화

스핀값이 변화하는 이유는 기어효과 때문이다. 이때 로프트각은 위 12도, 중앙 11도, 아래 10도로 계산했다.

---

* 더 읽어보면 좋은 것…

헤드면의 중앙 약간 위쪽에서 볼을 충돌시키면 스핀값은 줄어들지만, 그대신 클럽면의 반발계수가 감소하고, 그립으로부터의 거리에 의해 헤드속도 역시 감소하므로 결국 볼속도가 감소하여 비거리는 오히려 줄어들게 됩니다(그림 1-15). 헤드면 중앙의 스위트스폿에서 +5도의 어택각으로 볼을 타격하면 비거리는 항상 최대가 됩니다(그림 1-17).

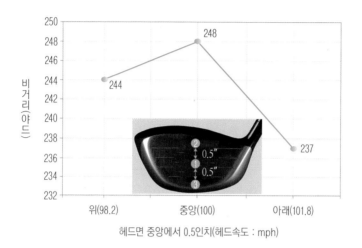

헤드면 중앙에서 0.5인치(헤드속도 : mph)

그림 1-17. 드라이버 헤드면 중앙에서의 헤드속도가 100mph일 때 헤드면 중앙에서 위·아래쪽 0.5인치 지점에서 볼을 타격하는 경우에 헤드속도와 비거리

이때 로프트각은 위 12도, 중앙 11도, 아래 10도로 계산했다.

---

* 더 읽어보면 좋은 것…

헤드면의 중앙인 스위트스폿으로 볼을 타격할 때 비거리가 가장 크다는 사실을 기억하시기 바랍니다(그림 1-14, 1-15).

물론 이 경우 중심을 벗어난 충돌(off-center hit)로 인한 헤드의 회전은 없다고 가정합니다. 볼이 토우(toe)에 충돌할 때에는 기어효과에 의해 후크성 볼이 발생하고, 힐(heel)에 충돌할 때는 슬라이스성 궤적이 될 가능성이 큽니다. 이 때문에 헤드면의 중앙인 스위트스폿으로 볼을 타격해야 합니다.

표 1-9.
드라이버 헤드의 로프트각 +11도, 헤드속도 100mph, 앞·뒷바람속도 10mph일 때
에는 어택각을 +5도로 하여 볼을 타격하면 비거리가 더 늘어난다

헤드속도 (mph)	로프트 각(도)	백스핀값 (rpm)	어택각 (도)	바람의 방향과 속도 (mph)		비거리 (야드)	어택각에 의한 비거리차이(야드)
100	11	3,053	0	앞바람	-10	227	3
			5	앞바람		230	
			0	바람 없음	0	241	7
			5			248	
			0	뒷바람	10	249	13
			5	뒷바람		262	

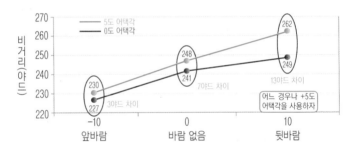

그림 1-18. 앞·뒷바람속도가 10mph일 때 드라이버 헤드속도가 100mph, 로프트각
+11도, 어택각 0도와 +5도인 경우의 비거리

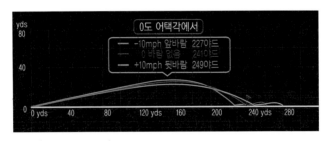

그림 1-19. 어택각 0도, 드라이버 헤드 로프트각 +11도, 헤드속도 100mph, 백스핀값
3,053rpm, 앞·뒷바람속도 10mph일 때의 비거리

앞 · 뒷바람이
10mph로 불 때의 비거리

앞바람이 10mph로 불 때에도 어택각을 +5도로 하여 타격하자.

노승열 선수는 앞바람이 8.5mph로 불 때에도 볼을 37야드나
띄워 290야드의 비거리를 냈다.

다른 상위권 선수들은 앞바람이 8.5mph로 불 때에도 볼을 20
야드 띄워 245야드의 비거리를 냈다.

  필드에서는 앞 · 뒷바람이 10mph로 부는 경우는 흔합니다. 드라이
버헤드의 로프트각 +11도, 헤드속도 100mph, 백스핀값 3,053rpm일
때의 비거리는 얼마나 될까요? 이때 어택각은 얼마로 하는 것이 바람직
할까요?

  앞바람이 10mph로 불더라도 어택각을 +5도로 해서 볼을 타격하는
것이 더 좋습니다(표 1-9, 그림 1-18).

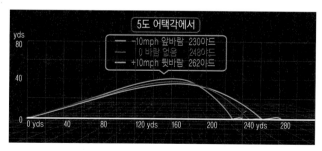

그림 1-20. 어택각 +5도, 드라이버 헤드 로프트각 +11도, 헤드속도 100mph, 백스핀값
    3,053rpm, 앞 · 뒷바람속도 10mph일 때의 비거리

표 1-10.
앞바람의 속도가 5mph, 10mph, 15mph, 20mph이고, 어택각이 +5도와 0도일 때 드라이버의 헤드속도에 따른 비거리

헤드속도 (mph)	앞바람속도(mph)/어택각(도)								앞바람속도와 어택각 +5도와 0도에 의한 비거리차이(야드) (비거리 오차를 ±3으로 가정)			
	비거리(야드)											
로프트각 (도)	5/5	5/0	10/5	10/0	15/5	15/0	20/5	20/0	A-B	C-D	E-F	G-H
	A	B	C	D	E	F	G	H				
60(19)	116	109	114	108	110	107	107	105	7	6	3	2
70(17)	148	142	143	139	138	137	132	132	6	4	1	0
80(15)	179	174	173	169	165	165	157	159	5	4	0	-2
90(13)	209	205	201	198	191	191	181	184	4	3	0	-3
100(11)	241	235	230	228	220	220	207	211	6	2	0	-4
110(10)	267	262	255	254	243	244	229	233	5	1	-1	-4
120(9.0)	292	288	279	278	265	267	249	254	4	1	-2	-5
130(8.5)	315	313	300	301	284	288	268	274	2	-1	-4	-6

▨ +5도의 어택각이 유리한 경우
▨ 0, +5도의 차이가 별로 없는 경우
▨ 0도 어택각이 유리한 경우

앞바람이 불 때는
볼을 항상 낮게 띄워야 할까?

일부분은 맞는 말이다.

▼ 헤드속도, 바람속도 및 어택각에 따라 비거리는 달라진다.

일반적으로 앞바람이 불 때는 볼을 낮게 타격하여야 비거리가 늘어난다고 이야기합니다. 일부분은 맞는 이야기이기도 합니다.

그러나 비거리는 헤드속도, 바람속도 및 어택각에 따라 달라질 수 있습니다. 어택각을 +5도로 한 것이 유리한 때가 있는가 하면, 어택각을 0도로 한 것이 유리한 때도 있습니다(표 1-10). 결국 상황에 따라 다르게 볼을 타격해야 합니다.

① 앞바람이 8.5mph로 불 때에도 노승열 선수는 볼높이를 37야드로 하여 290야드의 비거리를 냈습니다.

▼ 다른 상위권 선수들도 볼높이는 20야드이고, 비거리는 245야드이다.

2011년 9월 29일부터 10월 2일까지 4일간 잭 니클라우스에서 열렸던 동해오픈에서 헤드속도가 약 120mph인 노승열 선수나 118mph인 폴 케이시 선수는 앞바람이 평균 8.5mph로 부는 상황에서도 어택각을 각각 +4도와 +3도로 볼을 타격하여 볼높이는 무려 각각 37야드와 34야드나 됐고, 두 선수의 비거리는 각각 290야드 및 275야드나 나왔습니다.

반면에 헤드속도가 약 109mph인 다른 선수는 어택각 0도로 볼을 타격하여 볼높이는 약 20야드가 되었고, 볼의 비거리는 245야드가 나왔습니다. 노승열 선수의 볼높이는 다른 선수보다 무려 17야드나 더 높았습니다.

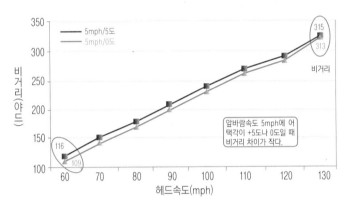

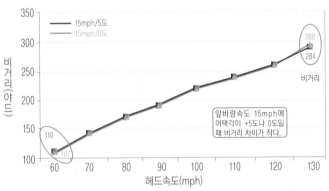

그림 1-21. 앞바람이 5mph와 15mph로 불고, 어택각을 +5도와 0도로 하였을 때 드라이버 헤드속도 증가에 따른 비거리차이

② 헤드속도가 90mph 이하라면 앞바람이 20mph 미만의 속도로 불 때에는 +5도의 어택각을 사용하자.

헤드속도가 비교적 느려 90mph밖에 되지 않는 골퍼가 앞바람이 15mph 이하의 속도로 불 때에 어택각을 +5도 정도로 하여 볼을 타격하면 어택각을 0도로 하여 타격할 때보다 비거리가 약 0~7야드 증가합니다(표 1-10, 그림 1-21). 이것은 볼속도가 느려 앞바람이 볼을 더 뜨게 하는 현상 때문입니다.

예를 들면 앞바람속도가 10mph이고, 헤드속도가 느려 60mph일 때 어택각을 0도로 하여 볼을 타격하면 볼높이는 약 12야드가 됩니다. 그런데 이 경우에도 어택각을 +5도로 하여 볼을 타격하면 볼높이는 19야드가 됩니다.

* 더 읽어보면 좋은 것…

이처럼 헤드속도가 빨라지고 앞바람속도도 빨라지면 어택각 +5도일 때의 비거리 증가폭은 점차 줄어들게 됩니다. 따라서 앞바람이 불 때 헤드속도가 느린 골퍼들은 볼을 더 띄워야 비거리를 증가시킬 수 있습니다. 헤드속도가 60~70mph대로 느린 골퍼들은 장타자들에 비해 볼을 높게 띄우지 못하기 때문에 어택각을 이용해서 볼의 런치각을 높여야 비거리를 증가시킬 수 있습니다.

골프볼이 백스핀을 하면서 날아갈 때 볼속도가 빠르지 않다면 바람이 불지 않을 때에 비해 앞바람에 의해 볼이 더 뜨게 됩니다. 앞으로 앞바람이 심하게 불더라도 볼을 띄우도록 노력합시다.

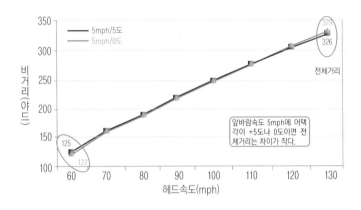

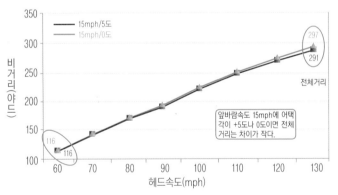

그림 1-22. 앞바람이 5mph와 15mph의 속도로 불 때 드라이버 헤드속도의 증가에 따라 어택각이 +5도와 0도인 경우의 전체거리

③ 볼이 굴러간 거리를 포함한 전체거리는 비슷하게 보인다. 왜 그럴까? 비거리가 같더라도 볼의 착지각이 작으면 더 많이 굴러가기 때문이다.

*** 용어

▼ 착지각(landing angle 혹은 descending angle) : 볼이 떨어질 때 지면과 이루는 각으로, 작을수록 멀리 굴러간다.

비거리는 타격된 볼이 지면에 떨어지기 직전까지의 거리를 말합니다. 그리고 전체거리는 비거리에 굴러간 거리를 합한 거리입니다. 볼의 비거리가 같더라도 볼의 착지각이 작으면 더 멀리 굴러가게 됩니다.

볼의 낙하속도는 초기속도와 관계없이 26~28m/s로 일정하다.

앞바람이 15mph의 속도로 불 때 어택각이 +5도와 0도의 경우를 비교해 봅시다. 이 경우에 드라이버 헤드속도가 120mph이면 어택각이 +5도일 때 전체거리는 271야드가 되고, 드라이버 헤드속도가 0도이면 276야드로, 5야드나 더 멀리갑니다(그림 1-22). 왜 그럴까요? 그 비밀은 바로 착지각에 있는데, 어택각이 +5도일 때는 착지각이 60도이지만, 어택각이 0도일 때는 착지각이 약 52도이기 때문입니다.

일반적으로 볼이 지면에 떨어질 때의 속도는 공기저항 때문에 볼의 초기속도에 관계없이 거의 26~28m/s로 일정합니다. 따라서 구른거리는 실제로 착지각과 백스핀값에 의해 결정된다고 보는 것이 합리적입니다.

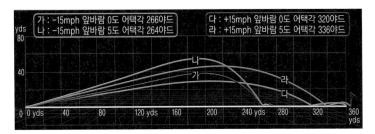

그림 1-23. 드라이버 헤드속도는 120mph이고, 앞·뒷바람속도가 ±15mph인 경우
어택각을 0도와 +5도로 하였을 때 볼의 비거리궤적

표 1-11. 드라이버 헤드의 어택각이 +5도 및 0도일 때 앞바람속도와 헤드속도의 변
화에 따른 구른거리의 변화

헤드속도 (mph)	앞바람속도(mph)/어택각(도)에서							
	구른거리(야드)							
로프트각(도)	5/5	5/0	10/5	10/0	15/5	15/0	20/5	20/0
60(19)	9	13	6	11	6	9	5	7
70(17)	8	13	7	10	5	6	4	6
80(15)	9	14	6	10	6	8	4	4
90(13)	10	15	8	11	5	9	5	5
100(11)	9	17	7	14	6	9	5	8
110(10)	12	17	9	12	6	9	4	7
120(9.0)	11	17	9	12	6	10	6	6
130(8.5)	11	16	9	12	7	9	4	7
평균(야드)	9	14	8	11	7	9	5	8

④ 페어웨이는 변화무쌍하니 어택각 +5도로 타격하는 습관을 들이자!

▼ 구른거리를 포함해서 전체거리가 같을 수도 있지만!

＊ 더 읽어보면 좋은 것…

그래도 어택각 +5도로 볼을 타격하는 것이 안전합니다. 왜냐하면 볼이 굴러가다 가 페어웨이 위에 있는 빗물이나 울퉁불퉁한 장애물에 의해 멈출 수도 있고, 러프 (rough)나 해저드(hazard) 등에 의해 거리 손실도 있을 수 있기 때문입니다. 이러한 현상은 뒷바람이 불 때도 비슷하게 나타납니다(그림 1-23).

⑤ 앞바람이 불 때에는 어택각에 의해 구른거리는 차이가 작다.

▼ 볼의 낙하속도는 볼의 초기속도와는 관계없이 거의 일정하기 때문이다.

 # 앞바람속도가 빠를수록 착지각은 커져 볼은 조금 굴러간다.

헤드속도와 앞바람속도가 빨라질수록 구른거리는 감소합니다. 또한 구른거리는 어택각이 +5도일 때보다는 0도일 때가 더 큰데, 그 이유는 볼의 착지각이 0도일 때 볼이 많이 굴러가기 때문입니다(표 1-11).

＊ 더 읽어보면 좋은 것…

어택각이 같으면 헤드속도에 따른 구른거리는 거의 비슷하게 됩니다. 그 이유 는 서로 다른 헤드속도로 볼을 타격하지만, 헤드를 떠난 볼이 지면에 떨어질 때 쯤에는 공기저항으로 볼의 낙하속도가 볼의 초기속도와는 관계없이 거의 일정한 26~28m/s이기 때문입니다. 즉 구른거리는 대부분 볼의 착지각과 스핀율에 의해 결정됩니다.

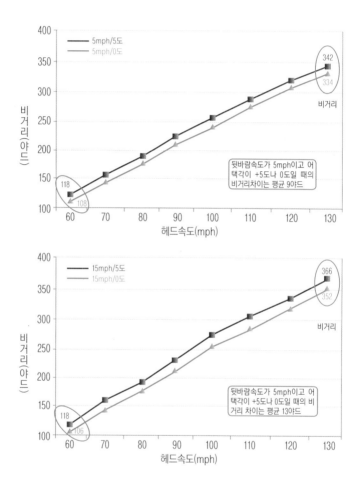

**그림 1-24. 뒷바람이 5mph와 15mph의 속도로 불 때 헤드속도와 어택각을 +5와 0
도로 한 경우의 비거리**

표 1-12의 뒷바람속도가 5mph(0, 5도)와 15mph(0, 5도)인 경우의 비
거리를 참조하자.

뒷바람이 불 때는
항상 볼을 띄워라.

① 뒷바람이 불 때는 어택각을 +5도로 하면 항상 유리하다.

뒷바람속도가 5mph이고 헤드속도가 100mph일 때 어택각을 0도로 하면 비거리는 245야드가 되지만, 어택각을 +5도로 하면 11야드가 더 늘어난 256야드가 됩니다(표 1-12). 이러한 현상을 바람의 속도가 빠를수록 더 효과적으로 나타납니다(그림 1-24).

뒷바람이 불 때는 5도의 어택각을 하는 것이 페어웨이의 상태를 고려할 때 항상 유리하다고 볼 수 있습니다.

표 1-12.
뒷바람속도가 5mph, 10mph, 15mph, 20mph일 때 드라이버 헤드속도와 어택각에 따른 비거리

헤드속도 (mph)	뒷바람속도(mph)/어택각(도)								뒷바람속도와 어택각 5도와 0도에 의한 비거리차이(야드)			
	비거리(야드)											
로프트각 (도)	5/5	5/0	10/5	10/0	15/5	15/0	20/5	20/0				
	A	B	C	D	E	F	G	H	A-B	C-D	E-F	G-H
60(19)	118	108	118	107	118	106	118	104	10	11	12	14
70(17)	153	143	155	143	156	142	156	141	10	12	14	15
80(15)	188	178	191	179	194	179	196	179	10	12	15	16
90(13)	222	213	227	215	232	217	235	218	9	12	15	17
100(11)	256	245	262	249	269	252	273	254	11	13	17	19
110(10)	287	277	295	283	304	288	311	292	10	12	16	19
120(9.0)	315	306	326	314	336	320	346	326	9	12	16	20
130(8.5)	342	334	354	343	366	352	377	360	8	11	14	17
평균 비거리차이(야드)									9	11	13	15
뒷바람이 불 때는 항상 볼을 높이 뛰워 치자.												

헤드속도가 빠를수록 +5도의 어택각이 효과가 크다.

표 1-13.
드라이버 헤드의 어택각이 +5도 및 0도일 때 뒷바람과 헤드속도의 증가에 따른
구른거리의 변화

헤드속도 (mph)	앞바람속도(mph)/어택각(도)에서							
	구른거리(야드)							
로프트각(도)	5/5	5/0	10/5	10/0	15/5	15/0	20/5	20/0
60(19)	12	18	14	20	17	21	18	22
70(17)	13	20	17	23	19	25	21	29
80(15)	14	22	18	27	20	30	24	33
90(13)	15	23	19	29	23	32	26	37
100(11)	17	27	22	33	25	38	30	43
110(10)	17	27	22	33	26	39	30	45
120(9.0)	19	28	22	33	27	40	31	46
130(8.5)	19	26	22	32	28	38	32	46
평균(야드)	16	24	20	29	23	33	27	38

헤드속도와 뒷바람속도가 증가할수록 구른거리는 늘어난다. 앞바람속도가 빨리
지면 반대로 구른거리는 줄어든다.

② 뒷바람속도가 빨라질수록 어택각에 의한 구른거리는 점차 늘어난다.

▼ 어택각이 0도일 때 구른거리는 더 늘어난다.

헤드속도가 빨라지는 데 따른 구른거리의 증가분은 비교적 적다.

표 1-13은 뒷바람이 불 때 헤드속도의 증가와 어택각에 따라 구른거리가 변화하는 것을 보여줍니다.

특이한 점은 헤드속도에 따른 구른거리의 증가분은 매우 적다는 것입니다. 한편 앞바람이 불 때는 바람의 속도가 빨라질수록 구른거리의 증가분은 작아지는 반면, 뒷바람이 불 때는 바람의 속도가 빨라질수록 구른거리는 더 늘어납니다(그림 1-25).

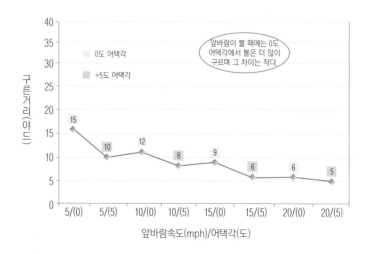

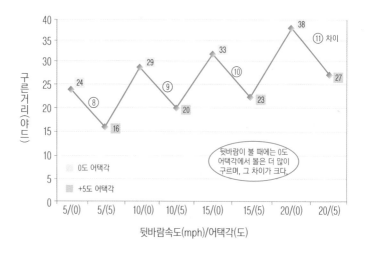

그림 1-25. 드라이버 헤드의 어택각이 +5도 및 0도일 때 앞 · 뒷바람속도에 따른 구른거리의 변화

③ 구른거리는 앞바람이 빨라질수록 즐어들고, 뒷바람이 빨라
지면 늘어난다.

▼ 앞바람이 불 때에는 볼의 착지각이 커서 조금 굴러가고, 뒷바람이
불 때에는 착지각이 작아서 멀리 굴러간다.

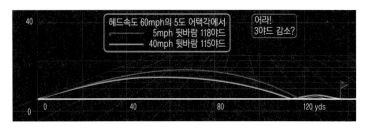

그림 1-26. 뒷바람에 의해 비거리가 감소하는 모습

뒷바람의 속도가 빨라졌는데도 불구하고 비거리는 118야드에서 115야드로 3야드가 줄어든다. 볼높이도 뒷바람 5mph로 불 때는 15야드였으나, 40mph로 불 때에는 12야드로 줄어들었다.

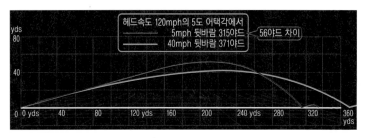

그림 1-27. 드라이버 헤드속도가 120mph인 경우 뒷바람이 5mph로 불 때와 40mph로 불 때 뒷바람에 의해 비거리가 감소하는 모습

이때 볼높이도 뒷바람이 5mph로 불 때는 48야드이지만, 40mph로 불 때에는 38야드로 줄어들었다.

④ 뒷바람이 분다고 해서 볼의 비거리가 항상 증가하는 것은 아니다.

▼ 헤드속도가 느린 경우 더욱 그렇다. 헤드속도가 매우 빠르면 비거리는 획기적으로 증가한다. 그림 1-26을 보자. 이것이 물리학이다.

뒷바람속도가 아주 빠르면 볼이 뜨지 못해 비거리가 오히려 감소한다.

뒷바람이 분다고 해서 볼의 비거리가 항상 늘어나는 것은 아닙니다. 실제로 드문 일이지만, 뒷바람속도가 40mph일 때 헤드속도 60mph인 골퍼가 어택각 +5도로 타격한 볼의 비거리는 115야드가 되기도 합니다. 이는 뒷바람이 5mph로 불 때 어택각을 +5도로 하여 나온 118야드보다 3야드나 줄어든 것입니다.

왜 이런 일이 발생할까요? 이것은 헤드속도가 60mph인 골퍼가 친 볼은 약 90mph의 속도로 날아가게 되는데, 이때 뒷바람이 강하게 불면 볼이 높이 뜨지 못하게 되어 비거리가 줄어들기 때문입니다.

이 경우 헤드속도가 60mph인 골퍼가 어택각을 +5도로 타격한 볼높이는 뒷바람속도가 5mph인 경우에는 15야드인데 반하여, 뒷바람속도가 40mph인 경우는 12야드로 줄어듭니다(그림 1-26). 그러나 그림 1-27과 같이 헤드속도가 120mph인 골퍼가 친 볼의 비거리는 315야드에서 371야드로 증가합니다. 이것이 바로 물리학의 원리입니다.

① 앞바람속도 10mph당 볼의 비거리는 약 10%씩 감소하고, 전체거리는 약 12%씩 감소한다.

▼ 앞바람에 의해 볼의 착지각이 커지므로 볼이 조금 굴러간다.

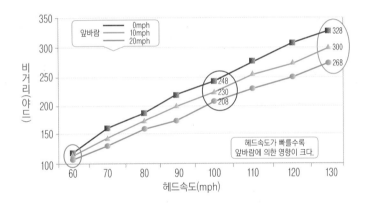

그림 1-28. 어택각 5도에서 앞바람속도가 각각 0, 10과 20mph일 때 헤드속도에 따른 비거리

헤드속도가 빠른 골퍼는 비거리 감소폭이 커서 바람이 불지 않을 때와 비교해서 헤드속도가 130mph일 때 28 및 32야드 감소한다.

어택각 +5도에서
앞·뒷바람의 속도가
각각 0, 10과 20mph일 때의 비거리

② 뒷바람속도 10mph당 볼의 비거리는 약 7%씩 증가하고, 전체
  거리는 약 9%씩 증가한다.

▼ 뒷바람에 의해 볼의 착지각이 작아지므로 볼은 멀리 굴러간다.

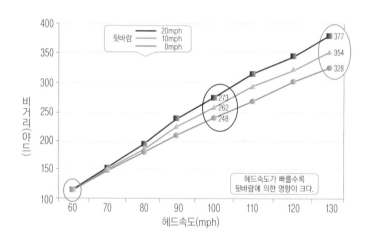

그림 1-29. 어택각 +5도에서 뒷바람속도가 각각 0, 10과 20mph일 때 헤드속도에
따른 비거리

헤드속도가 빠른 골퍼는 비거리의 증가폭이 커서 바람이 불지 않을 때와
비교해보면 헤드속도가 130mph일 때 26 및 23야드 증가한다.

표 1-14.
드라이버에서 목표방향과 90도로 옆바람이 10mph로 불 때의 비거리와 목표선상에서 벗어난 편차

헤드속도 (mph)	백스핀값 (rpm)	옆바람속도 (mph)	어택각 (도)	비거리 (야드)	편차 (야드)
100	3,053	0	0	241	0
			5	248	0
		10	0	241	13
			5	248	15

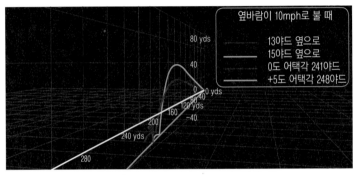

그림 1-30. 목표방향과 90도로 옆바람이 10mph로 불 때 타격지점을 본 3차원 장면

드라이버 헤드의 로프트각 +11도, 헤드속도 100mph, 백스핀값 3,053 rpm, 어택각 5도일 때 편차가 약간 더 크다. 이것은 날아가는 볼높이가 더 높기 때문이다.

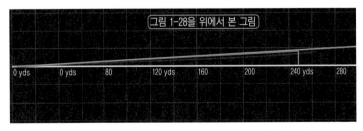

그림 1-31. 목표방향과 90도로 옆바람이 10mph로 불 때 타격지점을 본 3차원 장면

그림 1-30을 위에서 본 그림이다.

옆바람이
10mph의 속도로 불 때의 비거리와 볼궤적

골프볼은 휘어져 날아간다.

드라이버 헤드의 로프트각 +11도, 헤드속도 100mph, 백스핀값 3,053
rpm이라고 하자. 이때 어택각이 0도와 +5도라면 옆바람이 10mph의 속
도로 목표방향과 90도로 불 때의 비거리는 표 1-14와 같고, 볼궤적의 모
양은 그림 1-30~33과 같습니다.

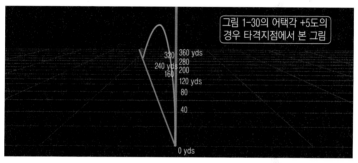

그림 1-32. 목표방향과 90도로 옆바람이 10mph로 불 때 타격지점을 본 3차원 장면
그림 1-30의 어택각 +5도의 경우이다.

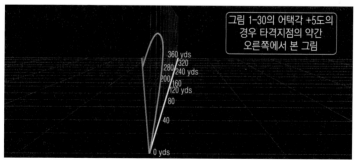

그림 1-33. 목표방향과 90도로 옆바람이 10mph로 불 때 타격지점을 본 3차원 장면
그림 1-30을 타격지점의 약간 오른쪽에서 본 모습

표 1-15.
드라이버 헤드의 로프트각 +11도, 헤드속도 100mph, 어택각 +5도로 볼을 타격한 경우 대기온도에 따른 비거리

온도(℃)	비거리(야드)	증가분(야드)	누적비거리
-10	234	0	0
-5	236	2	2
0	240	4	6
10	244	4	10
20	248	4	14
30	253	5	19
40	257	4	23
23/50=0.46(야드/℃)		23(계)	–

온도가 2℃에 증가하면 비거리는 약 1야드 증가한다.

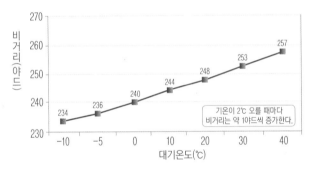

그림 1-34. 드라이버 헤드속도가 100mph인 경우 로프트각 +11도에 어택각 +5도로 볼을 타격했을 때 대기온도에 따른 비거리증가

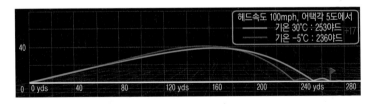

그림 1-35. 온도가 -5℃와 30℃일 때 드라이버 헤드의 로프트각의 +11도이고, 드라이버 헤드속도가 100mph, 어택각은 +5도로 볼을 타격한 경우의 비거리차이

온도가
비거리에 미치는 영향

#온도가 2℃ 변화하면 비거리는 약 1야드 변한다.

* 더 읽어보면 좋은 것…

30℃가 넘는 무더운 여름이나 영하 5℃를 밑도는 겨울에도 골프를 할 수 있습니다. 그런데 이렇게 지나치게 덥거나 추운 날씨는 골프볼의 비거리에 어떠한 영향을 줄까요?

여기에서는 날씨에 의한 골퍼의 심리적인 위축은 고려하지 않고, 온도가 끼치는 영향만 보도록 하겠습니다. 한 예로 드라이버 헤드속도가 100mph인 골퍼가 어택각은 +5도로 하고, 백스핀은 3,053rpm으로 하여 볼을 타격한다고 가정하면, 기온이 2℃ 상승할 때마다 비거리는 약 1야드씩 증가합니다(표 1-15, 그림 1-34, 그림 1-35).

* 더 읽어보면 좋은 것…

· 겨울에는 볼 자체의 온도를 약 32℃로 하여 타격하자.

필자는 2014년 1월경 5개 메이커의 2, 3, 4피스 볼을 이용하여 0°~50℃일 때의 볼속도에 따른 최대 반발계수를 각각 측정했습니다. 반발계수는 곧 볼의 비거리에 연관되기 때문입니다.

그 결과를 보면 기온이 0~3℃일 때에는 볼 자체온도를 약 32℃로 하여 타격하면 볼의 비거리는 볼 종류에 따라 5~100야드 더 늘어났습니다. 볼온도가 32℃보다 높거나 낮으면 반발계수는 작아집니다.

볼온도를 올리는 방법은 핫(hot)패드를 사용하거나 기타 방법이 있습니다.

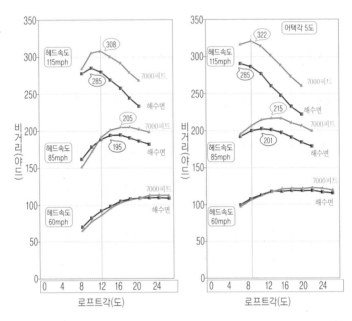

그림 1-36. 드라이버 헤드속도가 60, 85, 115mph에서 로프트각이 변할 때 해수면 (sea level)과 해발 7,000피트에서의 어택각이 0도와 +5도인 경우 비거리 변화를 KH-Golf-Trajectory로 계산한 값

---

* 더 읽어보면 좋은 것···

해수면이나 고지대에서도 어택각을 높여서 볼을 타격하면 항상 비거리의 이득을 볼 수 있습니다. 볼이 앞으로 나아가는 것을 지연시키는 힘은 비거리에는 나쁜 영향을 미치지만, 볼을 띄우는 힘은 매우 바람직합니다.

이와 같은 결과는 필자가 개발한 KH-Golf-Trajectory로 계산한 것인데, 터틀맨 (Tutelman)이 계산한 그림 1-37과 유사한 결과치를 볼 수 있습니다. 유감스럽게도 터틀맨은 이와 같은 계산에 자세한 조건을 명시하지 않았지만, 필자가 계산한 것 중에 어택각이 0도인 경우와 매우 유사함을 알 수 있습니다.

해발 7,000피트에서
볼의 비거리는 항상 늘어날까?

맞기도 하고, 한편 틀린 말이기도 하다.

왜 그럴까요? 언뜻 생각하면 고도가 높은 곳에서는 공기가 희박하여 볼이 날아갈 때 지연시키는 힘이 적어져 볼이 멀리 날아간다고 생각할 수 있습니다.

미국의 콜로라도 캐슬파인즈(Castle Pines, Co. Colorado)는 거의 해발 7,000피트(2,134m)에 달합니다. 실제로 볼을 멀리 날아가게 하는 것은 지연시키는 힘이 아니라 볼을 뜨게 하는 힘입니다. 그런데 공기가 희박하면 볼을 높이 뜨게 하는 것 역시 어려워 비거리가 짧아지기도 합니다. 따라서 드라이버의 볼 비거리는 헤드속도와 헤드의 로프트각에 따라 그림 1-36과 같이 달라집니다.

공기저항이 적으면 볼이 위로 뜨기도 어려워 비거리가 감소할 수도 있다.

헤드속도가 느린 60mph인 골퍼라면 해수면이나 해발 7,000피트에서는 비거리의 이익은 거의 없습니다.

반면에 헤드속도가 빠른 115mph인 골퍼는 해수면과 비교하면 비거리는 어택각이 0도인 경우는 약 28(308-280)야드, 어택각이 +5도인 경우는 37(322-285)야드 정도 이익을 볼 수 있습니다.

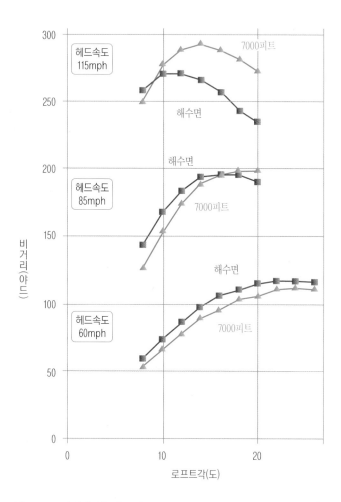

그림 1-37. 드라이버 헤드속도가 60, 85, 115mph이고, 헤드의 로프트각(가로축)
이 변할 때 해수면과 해발 7,000피트에서의 비거리(세로축 : 야드) 변화

이때 골프볼의 타격조건이 제대로 주어져 있지 않다.
(http://www.tutelman.com/golf/design/swing4.php)

드라이버 헤드속도와 로프트각에 따라 비거리는 달라진다.

지금까지 고도가 높은 곳에서 골프볼의 비거리는 모든 골퍼에게서 무조건 증가할 것이라고 막연하게 추측하였습니다. 그러나 골퍼의 헤드속도, 헤드의 로프트각 및 어택각에 따라 골프볼의 비거리는 달라질 수 있습니다. 여기에서도 +5도의 어택각이 더욱 효과적입니다.

"Dragging force is enemy, but Lifting force is friend."

헤드속도가 빠른 골퍼는 로프트각과 +5도의 어택각을 사용하면 더 효과적이다.

해발 7,000피트에서 헤드속도 115mph, 어택각 +5, 로프트각 +10도로 하면 백스핀값은 3,193rpm이 됩니다. 또, 헤드속도 115mph 어택각 0도, 로프트각 +12도로 하면 백스핀값은 3,823rpm이 됩니다. 즉 로프트각이 감소되면 백스핀도 따라서 감소되어 비거리에 더 유리하게 됩니다.

＊ 더 읽어보면 좋은 것…

어택각이 0도이고, 헤드속도가 115mph이라면 로프트각이 +12도일 때 최대비거리는 3080야드입니다. 그러나 어택각이 5도이고, 헤드속도가 115mph이라면 로프트각이 +10도일 때 최대비거리는 3220야드가 됩니다.
헤드속도가 빠른 골퍼는 +5도의 어택각에서 비거리는 조금 늘어나지만, 헤드속도가 느린 골퍼는 어택각을 +5도로 볼을 타격하면 큰 이득을 얻을 수 있습니다. 이때 해수면의 온도는 27℃이고, 해발 7,000피트에서는 7℃로 계산하였습니다.

골프볼을
30야드 더 보내기 위한
볼의 위치

STEP 2

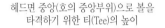

헤드면 중앙(호의 중앙부위)으로 볼을
타격하기 위한 티(Tee)의 높이

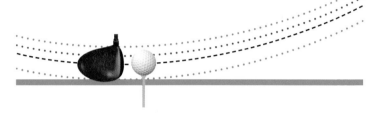

그림 2-1. 골프볼을 드라이버로 타격하는 일반적인 모습

여기에서 검정색 선은 헤드면 중앙, 붉은색 선은 헤드면 중앙에서 약 0.5
인치 위쪽이고, 회색 선은 헤드면 양쪽 가장자리이다.

헤드면 중앙으로 볼 위쪽을 타격하기
위한 티(Tee)의 높이

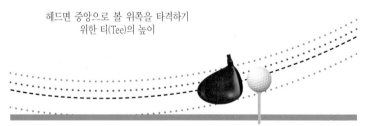

그림 2-2. 골프볼을 드라이버로 약 +5도의 어택각으로 타격하는 일반적인 모습

여기서 검정색 선은 헤드면 중앙, 붉은색 선은 헤드면 중앙에서 약 0.5인
치 위쪽이고, 회색 선은 헤드면 양쪽 가장자리이다.

토픽 1
+5도의 어택각으로 볼을 타격하는 법 ●●●

**볼을 현재보다
왼쪽으로 5~7cm 옮겨놓고 치자(오른손잡이 기준).**

 # 그래도 안 되면 티의 높이를 0.5~1cm 높이자!

이 책에서는 항상 오른손잡이를 중심으로 설명합니다. 일반적으로 개인교습이나 학교에서 드라이버로 볼을 타격하는 것을 배울 때에는 그림 2-1과 같이 배웁니다. 즉 평범한 어택각으로 볼을 타격하도록 배웁니다. 물론 틀린 것은 아닙니다.

그러나 이렇게 볼을 놓으면 런치각을 증가시킬 수 없습니다. 예를 들면 이 경우 헤드의 실제 로프트각이 +11도이고, 헤드속도가 100mph라면 이때의 런치각은 +9.7도가 됩니다. 즉 어택각이 0도인 경우인데, 이때 비거리는 약 241야드가 됩니다.

그러나 어택각을 +5도로 하여 볼을 타격하면 이때의 런치각은 +14.7도로, 비거리는 248야드가 되어 7야드가 더 나옵니다(그림 2-2). 이 경우 어택각은 변화하지만, 스핀값 3,053rpm은 어택각이 변화해도 거의 변하지 않습니다.

표 2-1.
드라이버의 어택각에 따른 볼의 이동거리(왼발과 오른발의 중앙을 기준)와 티의 높이

어택각 (도)	양발 중앙을 기준으로 하여 볼을 왼쪽으로 이동할 거리		티의 높이	
	(인치)	(cm)	(인치)	(cm)
1	1.5	4	0	0
2	2.5	6	1/20	0.1
3	4.0	10	1/10	0.3
4	5.0	13	1/6	0.4
5	6.5	17	1/6	0.6
6	8.0	20	3/8	1.0
7	9.0	23	1/2	1.3
8	10.0	25	3/4	1.9
9	11.5	29	7/8	2.2

티의 높이는 그림 2-1인 경우를 '제로(0)'로 하여 계산하였다.

양발의 중앙에서 왼쪽으로
볼을 얼마나 옮겨놓아야 하나?

티의 높이도 높여야 한다.

필자는 2010년에 골프볼 궤적프로그램을 개발하면서 이에 대해 계산을 하여 중앙일보 2011년 2월 25일 자에 간단히 소개한 적이 있습니다. 그 후 2012년 5월에 다른 웹사이트 'Tutelman'에서 "최대거리를 내기 위한 볼의 위치"를 소개하면서 약간의 오류가 있던 것을 수정한 바 있습니다. 물론 현재는 수정되어 있습니다. 그 결과만 보면 표 2-1과 같습니다.

이때 볼을 왼쪽으로 옮겨놓고 타격하기 어려우면 헤드의 로프트각을 현재보다 더 크게 해야 합니다. 여기에서 어택각을 크게 하려는 이유는 볼의 런치각을 크게 하기 위해서입니다. 그러나 로프트각이 크면 볼의 스핀도 증가하여 비거리가 감소합니다. 가능하면 볼을 왼쪽으로 옮겨 놓고 볼을 타격하도록 합니다.

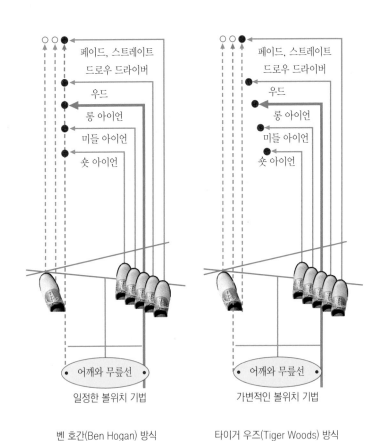

벤 호간(Ben Hogan) 방식   타이거 우즈(Tiger Woods) 방식

그림 2-3. 볼위치가 일정한 벤 호간 방식과 볼위치가 변하는 타이거 우즈 방식

볼을 놓는
여러 가지 방법

볼위치를 일정하게 하는 방식과 바꾸는 2가지 방식이 있다.

▼ 지나치게 형식에 구애받지 말고 자기에게 맞는 방법을 맞춤 개발하자!

골프볼을 놓는 방법에는 크게 두 가지가 있습니다. 그것은 양발의 중앙을 기준으로 벤 호간의 '볼위치를 일정하게 하는 방식(single ball position technique or constant ball position)'과 타이거 우즈의 '볼위치를 바꾸는 방식(variable ball position technique or variable ball position)'입니다.

"어떤 방법이 더 좋은가."라는 원칙은 없습니다. 왜냐하면 골퍼의 키, 몸무게, 유연성 등에 따라 다르기 때문입니다. 최고의 방법은 수없이 볼을 쳐봐서 볼이 목표물을 향해 일정하게 똑바로 멀리 날아간다면 그것이 자신에게 맞는 최고의 볼위치입니다(Impact is the moment of truth in the golf swing).

메이저대회 18승을 한 전설적인 골퍼인 잭 니클라우스(Jack Nicklaus)는 모든 클럽에 대해 볼위치를 일정하게 하는 방식을 사용했습니다. 메이저대회 14승의 타이거 우즈는 잘못된 볼위치야말로 볼을 일정하게 잘 칠 수 없는 '침묵의 살인자(silent killer)'라고 말할 정도로 볼위치를 중요시여겼습니다.

자신에게 맞는 볼위치를 찾을 때까지 연습하고 또 연습해서 자신에게 알맞은 볼위치를 찾아야 합니다. 그렇다고 절대적인 볼위치를 고집할 필요도 없습니다.

내리막과 오르막
경사에서의 비거리

STEP 3

표 3-1.
내리막 경사에서 골프볼을 보낼 지점이 평지(0)에서 -10, -20, -30, -40야드 아래쪽에 있을 때 거리를 줄여서 보내야할 드라이버의 비거리

내리막 경사 (야드)	150야드 지점		200야드 지점		250야드 지점		300야드 지점		350야드 지점	
	보낼 거리	거리 차이	보낼 거리	거리 차이	보낼 거리	거리 차이	보낼 거리	거리 차이	보낼 거리	거리 차이
0	150	0	200	0	250	0	300	0	350	0
-10	124	-26	180	-20	236	-14	289	-11	342	-8
-20	102	-48	161	-39	221	-29	278	-22	334	-16
-30	85	-65	144	-56	205	-45	266	-34	324	-26
-40	69	-81	125	-75	189	-61	253	-47	313	-37

경사 0은 평지를 의미한다.

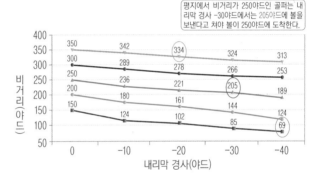

> 평지에서 비거리가 250야드인 골퍼는 내리막 경사 -30야드에서는 205야드에 볼을 보낸다고 쳐야 볼이 250야드에 도착한다.

그림 3-1. 내리막 경사에서 골프볼을 보낼 지점이 평지에서 -10, -20, -30, -40야드 아래쪽에 있을 때 거리를 줄여서 보내야할 드라이버의 비거리

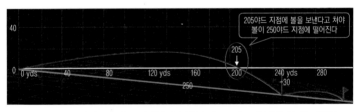

> 205야드 지점에 볼을 보낸다고 쳐야 볼이 250야드 지점에 떨어진다

그림 3-2. 평지로부터 -30야드 아래쪽의 직선거리 250야드에 볼을 보내는 방법
경사 0은 평지를 의미한다.
그림 3-1을 참조하자.

토픽 1

내리막 경사에서의 비거리 ●○○○

내리막 경사에서는 거리를 줄여 쳐야 한다.—그런데 얼마를?

우리나라와 같이 국토 면적이 좁은 나라는 미국처럼 국토가 넓은 나라와 달리 경사가 심한 페어웨이가 많습니다.

내리막 경사에서 골프볼을 타격할 때는 실제거리보다 짧게 가도록 쳐야 골퍼가 원하는 지점에 볼을 보낼 수 있습니다. 그렇지 않고 평지에서와 마찬가지로 볼을 타격하면 그 볼은 원하는 지점보다 훨씬 멀리 날아가게 됩니다.

* 더 읽어보면 좋은 것…

어떤 골퍼의 드라이버 비거리가 평지에서 2000야드일 때 직선거리 2000야드의 수평 아래 −300야드 지점에 볼을 보내려면 560야드가 작은 1440야드지점에 볼을 보내야 합니다(표 3-1, 그림 3-1, 그림 3-2). 이때 거리차이는 평지(0)를 기준으로 줄여야할 거리를 의미합니다.

표 3-2.
오르막 경사에서 골프볼을 보낼 지점이 평지(0)에서 +10, +20, +30, +40야드 위쪽에 있을 때 거리에 따라 더 보내야할 드라이버의 비거리

오르막 경사 (야드)	150야드 지점		200야드 지점		250야드 지점		300야드 지점		350야드 지점	
	보낼 거리	거리 차이	보낼 거리	거리 차이	보낼 거리	거리 차이	보낼 거리	거리 차이	보낼 거리	거리 차이
0	150	0	200	0	250	0	300	0	350	0
10	183	33	220	20	264	14	309	9	358	18
20	–	–	240	40	277	27	318	18	–	–
30	–	–	–	–	288	38	325	25	–	–
40	–	–	–	–	–	–	332	32	–	–

경사 0은 평지를 의미한다.
여기에서 '–'는 볼을 보낼 수 없다는 뜻이다.

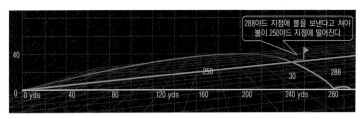

그림 3-3. 평지로부터 +30야드 위쪽의 직선거리 250야드 지점에 볼을 보내는 방법

 # 오르막 경사에서는 거리를 늘여 쳐야 한다.—그런데 얼마를?

오르막 경사에서 골프볼을 타격할 때는 실제보다 거리를 더 가도록 쳐야 골퍼가 원하는 지점에 볼을 보낼 수 있습니다. 그렇지 않고 평지에서와 마찬가지로 볼을 타격하면 그 볼을 원하는 지점보다 훨씬 못미치게 날아갑니다(표 3-2와 그림 3-3 참고).

한 예로 높이 30야드이고, 직선거리가 250야드인 지점에 볼을 보내려면 288야드 지점에 볼을 보낸다고 가정하고 볼을 타격해야 합니다(그림 3-3).

골프볼
똑바로 보내기

STEP 4

헤드면에 수직인 선이 목표를 향했는지(혹은 목표선에 직각인 지), 아니면 스윙경로를 향했는지?

볼은 스윙경로를 따라가나, 헤드면 방향(헤드면에 수직인 선) 을 따라가나?

▼ 헤드면 방향이란 헤드면에 수직인 방향을 의미한다.

보통 골프볼의 궤적을 9가지로 나누어 설명합니다(그림 4-1).

골프볼을 타격할 때 "클럽헤드 또는 헤드면이 직각(square)이 되어야 한다."고 설명하는데, 이때 직각이란 대체 무엇에 대한 직각일까요? 아 마도 목표선에 대해서 직각을 의미하는 듯합니다.

그러나 그것만으로는 매우 부족합니다. 왜냐하면 이 직각이란 용어 가 '목표선에 대한 직각'인지 혹은 클럽헤드의 방향인 '스윙경로(swing path)에 대한 직각'인지에 따라 볼궤적은 실제로 많이 달라지기 때문입 니다.

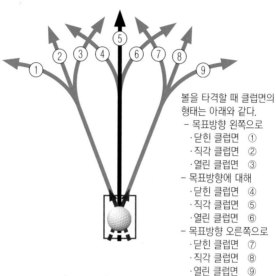

볼을 타격할 때 클럽면의
형태는 아래와 같다.
 – 목표방향 왼쪽으로
  ·닫힌 클럽면 ①
  ·직각 클럽면 ②
  ·열린 클럽면 ③
 – 목표방향에 대해
  ·닫힌 클럽면 ④
  ·직각 클럽면 ⑤
  ·열린 클럽면 ⑥
 – 목표방향 오른쪽으로
  ·닫힌 클럽면 ⑦
  ·직각 클럽면 ⑧
  ·열린 클럽면 ⑨

① 풀 후크(pull hook)
② 풀(pull)
③ 풀 슬라이스(pull slice)
④ 드로우(draw)
⑤ 스트레이트(straight)
⑥ 페이드(fade)
⑦ 푸시 후크(push hook)
⑧ 푸시(push)
⑨ 푸시 슬라이스(push slice)

볼이 날아가는 궤도는
다음 4가지에 영향을 받는다.
 ·헤드의 경로
 ·헤드면의 페이스각
 ·볼타격시의 런치각
 ·헤드속도

그림 4-1. 수정되어야 할 9가지 골프볼 궤적에 대한 설명

잘못된 기존의 골프볼 비행법칙(The Old Golfball Flight Laws)

▼"헤드면이 목표선에 직각이어야 된다."고만 가르친다.

이 말뜻은 클럽을 떠난 골프볼은 클럽의 "스윙경로를 따라 날아갑니다." 즉 볼을 타격하는 순간 헤드면이 닫혀 있으면 볼은 왼쪽으로 날아가고, 열려 있으면 오른쪽으로 날아간다는 뜻입니다.

새로운 골프볼 비행법칙(The New Golfball Flight Laws)

▼헤드면 방향과 스윙경로를 동시에 고려해야 볼의 경로를 알 수 있다.

헤드면의 방향과 스윙경로가 다르면 볼은 "헤드면 방향으로 85%나 더 가깝게 날아갑니다." 이때 헤드면이 스윙경로에 대해 닫혀 있으면(헤드면의 수직선이 스윙경로의 왼쪽을 향할때) 볼은 왼쪽으로 날아가고, 헤드면이 스윙경로에 대해 열려 있으면(헤드면의 수직선이 스윙경로의 오른쪽을 향할때) 볼은 오른쪽으로 날아간다는 뜻입니다.

스윙경로와 헤드면이 동시에 목표선 방향에 있을 때에만 볼은 목표쪽으로 똑바로 날아가게 됩니다.

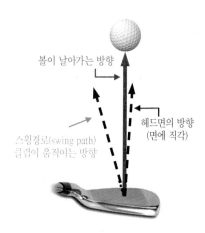

볼이 날아가는 방향

헤드면의 방향
(면에 직각)

스윙경로(swing path)
클럽이 움직이는 방향

그림 4-2. 클럽헤드의 스윙경로가 헤드면의 방향과 다를 때 볼이 헤드면에서부터
출발하는 경로

* 더 읽어보면 좋은 것…

헤드면의 방향과 스윙경로의 방향차이가 결과적으로 사이드스핀을 만들게 됩니
다(그림 4-2).

볼은 클럽이 움직이는 스윙경로와 헤드면 방향의 사이(D-plane이라고도 합니
다)로 날아갑니다(그림 4-3, 그림 4-4). 이때의 비율은 일반적으로 드라이버는 약
85(헤드면) : 15(스윙경로)이고, 아이언은 75 : 25로, 볼은 헤드면의 방향(헤드면에
수직방향)에 더 가깝게 날아갑니다.

① 골프볼은 헤드면의 방향에 더 가깝게 날아간다.

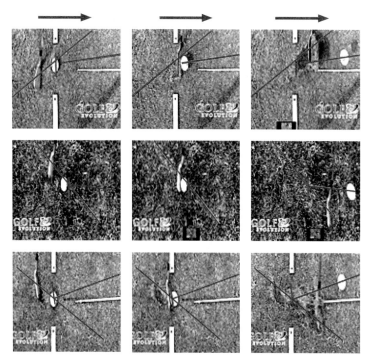

그림 4-3. 헤드면의 방향과 스윙경로가 다른 3가지 경우 볼이 날아가는 방향

볼은 헤드면의 방향에 더 가깝게 날아가고 있다.
http://freegolfswingtips.com/ball-flight-laws-from-golf-evolution/의 동영상을 보자.

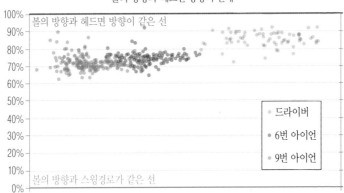

그림 4-4. 드라이버, 6번 및 9번 아이언으로 볼을 타격했을 때 볼속도에 따라 볼이
날아가는 방향

그림 4-5. 기존과 새로운 골프볼 비행법칙을 비교하는 사진

② 골프볼이 헤드면의 방향에 더 가깝게 날아가는 실험적 증거

헤드면을 떠난 볼은 헤드면 방향과 스윙경로 사이로 날아갑니다. 이때 드라이버로 친 볼은 헤드면 방향에 약 85% 가깝게, 6번 및 9번 아이언으로 친 볼은 약 75% 가깝게 날아가는 것을 실험적으로 보여주고 있습니다 (트랙맨 자료).

③ 기존(old)과 새로운(new) 골프볼 비행법칙의 비교

그림 4-5에서 휘어진 붉은색 화살표가 볼이 날아가는 방향입니다. 새로운 골프볼의 비행법칙에서는 D-plane이라는 추상적인 개념을 사용하여 설명합니다. 편의상 영문표기를 그대로 사용하였습니다.

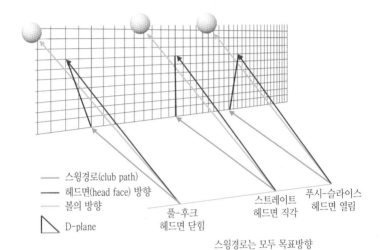

④ D-plane이라는 새로운 개념

D-plane이란 스윙경로와 헤드면 사이가 이루는 삼각형의 면
  을 말한다.

D-plane이란 개념은 물리학자 Jorgensen이 처음 사용했다.

새로운 골프볼 비행법칙은 D-plane이라는 추상적인 개념으로 설명할
수 있습니다. 그림에서 스윙경로(swing path 혹은 club path)는 모두 목
표를 향하지만, 헤드면이 닫히고, 직각이고, 열림에 따라 볼은 후크, 똑바
로 및 슬라이스가 되는 예를 보여줍니다.

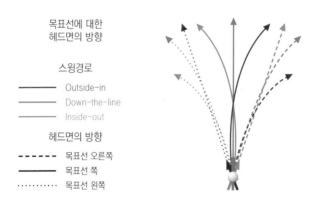

그림 4-7. 목표선에 대한 헤드면의 방향을 기준으로 한 볼 궤적

붉은색 실선은 outside-in, 초록색 실선은 down-the-line, 청색 실선은 inside-out을 의미한다. 실선(solid line)은 헤드면의 방향이 목표를 향하고, 파선(dashed line)은 헤드면의 방향이 목표선의 오른쪽을 향하고, 점선(dotted line)은 헤드면의 방향이 목표선의 왼쪽을 향한다(터틀맨 자료).

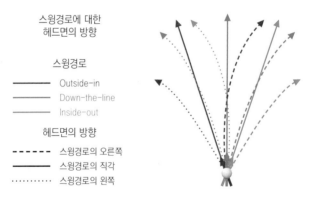

그림 4-8. 스윙경로에 대한 헤드면의 방향을 기준으로 한 볼 궤적

붉은색 실선은 outside-in, 초록색 실선은 down-the-line, 청색 실선은 inside-out을 의미한다. 실선은 헤드면의 방향이 클럽헤드의 방향인 스윙경로와 같고, 파선은 헤드면의 방향이 스윙경로의 오른쪽을 향하고, 점선은 헤드면의 방향이 스윙경로의 왼쪽을 향한다(터틀맨 자료).

토픽 2
헤드면의 방향을 목표선과 스윙경로로 구분 ●●●●

헤드면의 방향이 '목표선'과 '스윙경로'의 어느 쪽을 향하는가
에 따라 다르다.

일반적으로 헤드가 "열렸다."라는 분명치 않은 용어 대신에 "헤드면의
방향이 목표선을, 혹은 스윙경로의 오른쪽을 향하고 있다."라는 표현이
더 정확합니다.

그림 4-7은 '목표선(target line)에 대한 헤드면의 방향'에, 그림 4-8
은 '스윙경로(swing path 혹은 club path)에 대한 헤드면의 방향'에 관한
골프볼궤적입니다.

그림 4-7 및 그림 4-8에서 헤드면의 방향과 스윙경로는 좌·우 약
+20도로 가정한 것입니다.

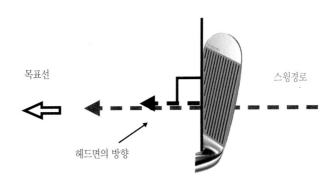

목표선

스윙경로

헤드면의 방향

그림 4-9. 볼은 목표를 향하여 똑바로 날아간다

헤드면의 방향과 스윙경로가 목표선을 향한 경우이다. 실제로는 스윙경로를 1도 미만의 outside-in으로 볼을 타격해야 볼이 헤드면을 떠날 때 그림과 같이 된다.

표 4-1.
드라이버로 볼을 똑바로 보내는 3가지 방법

	방법 1	방법 2	방법 3	참고
스윙경로	0도	inside-out(+)	outside-in(−)	목표선 방향
헤드면	0도	닫힘(−)	열림(+)	
충돌부위	중앙	힐(heel)	토우(toe)	헤드면에서
비거리	가장 멀다.	가장 짧다.	짧다	
볼 비행법칙	기존(old) 및 새 법칙(new)	새 법칙	새 법칙	오른손잡이기준
		기어효과(사이드스핀)		

클럽의 스윙경로, 헤드면 방향 및 충돌부위는 클럽과 볼이 충돌하는 순간의 방향 및 위치를 결정한다.

토픽 3
볼 똑바로 보내기와 슬라이스의 발생원인 ●●●

① 슬라이스는 헤드면의 방향이 스윙경로의 오른쪽을 향하기 때문에 발생하는가?

일반적으로 헤드면의 방향이 스윙경로의 오른쪽을 향하기 때문에 볼이 오른쪽으로 휘어지게 스핀을 만든다고들 말합니다. 한편 이것은 2종류 잘못된 스윙으로 "헤드면을 열었거나, 심한 outside-in인 스윙경로 때문이다."라고도 이야기합니다.

과연 그럴까요? 그림 4-11의 2가지 슬라이스의 볼궤적을 보면 슬라이스를 발생시키는 원인이 무엇인지 분명하게 알 수 있을 것입니다.

② 볼을 똑바로 보내기 위해서는 표 4-1과 그림 4-9를 보자.

▼ '헤드면의 방향'과 '스윙경로'가 그림 4-9와 같이 목표선상에 있어야 합니다.

▼ 그러나 아주 작은 inside-out(드라이버), outside-in(아이언) 스윙이 필요합니다.

▼ 이때 기어효과 때문에 골프볼은 헤드의 중앙으로 타격해야 한다.

▼ 요약하면 볼을 똑바로 보내려면 목표선에 헤드면 방향 0도, 스윙경로 0도로 하고, 헤드면 중앙(스위트스폿)으로 볼을 타격해야 합니다.

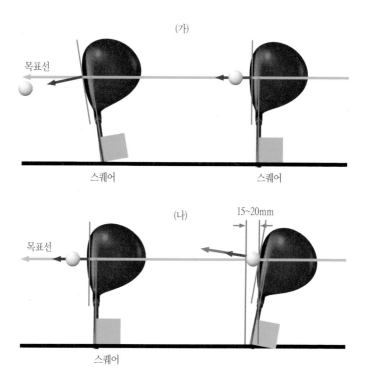

그림 4-10. 골프볼이 헤드면을 떠날 때 헤드면이 목표선과 직각이면 볼은 (나)의 왼쪽 그림처럼 똑바로 날아간다

이 경우 (나)는 아주 작은 inside-out의 스윙경로가 되어야 한다. (가)와 같이 헤드면이 볼을 처음 만나는 순간 헤드면이 목표선에 직각이면 약 0.0005초 후 클럽은 왼쪽으로 15~20mm 이동하여 헤드면은 약간 닫히게 되어 볼은 목표선의 왼쪽으로 날아가게 된다.

③ 여기서 잠깐!

이때 스윙경로를 목표선 방향(0도)으로 하기 위해서는 그림 4-10(나)와 같이 아주 작은 각도이지만 스윙경로를 드라이버는 1도 미만의 inside-out으로 스윙해야 하고, 아이언은 outside-in으로 스윙해야 합니다.

▼ 볼이 떠날 때 헤드면이 목표선에 직각이어야 볼을 똑바로 날아간다.

스윙경로를 목표선 방향(0도)으로 하기 위해서는 +1도 미만으로 outside-in 스윙을 해야 합니다. 필자는 2009년 간행한 『골프, 원리를 알면 10타가 준다』라는 두 번째 책에서 드라이버는 inside-out으로 스윙해야만 볼을 목표방향으로 보낼 수 있다고 기술한 바 있습니다.

* 더 읽어보면 좋은 것…

볼을 타격하는 순간 헤드가 약간 열린 상태에서 볼을 처음 만나면 0.0005초 후에 헤드면은 목표선과 직각이 되어 볼은 목표선을 따라 날아가게 됩니다(그림 4-10(나)). 이것은 물리학적인 현상입니다.

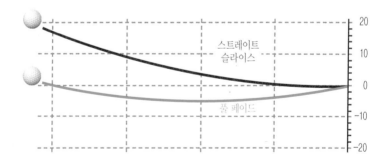

그림 4-11. 일반적인 2가지의 슬라이스의 볼궤적

골프볼이 스트레이트 슬라이스와 풀 페이드를 만드는 경우이다. 풀 페이드는 골프볼이 다행히 목표선상에 떨어진다.

④ 헤드면이 목표선에 있는데도 슬라이스가 발생하는 것은 스윙 경로의 문제이다.

스트레이트 슬라이스(straight slice)는 골프볼이 처음에는 목표선을 향해 출발했는데도 불구하고 실망스럽게도 오른쪽으로 휘어져 날아가는 것입니다(그림 4-11).

풀 페이드(pull fade)는 골프볼이 목표선의 왼쪽으로 출발했는데도 불구하고 날아가 목표선상에 떨어지는 것입니다. 이 두 가지 경우 모두 슬라이스입니다.

---

* 더 읽어보면 좋은 것…

대부분 지도자는 '스트레이트 슬라이스'에 대해 말하기를 "골프볼을 타격하는 순간 헤드면이 열렸다. 헤드면을 목표선상에 직각으로 했으면 좋았을 것인데."라고 말합니다. 과연 그럴까요?

헤드면의 방향은 목표선상에 있지만, 클럽헤드 방향이 목표선상의 왼쪽을 향한 채로 스윙을 했기 때문에 결국 심한 outside-in이 되어 슬라이스를 발생하게 됩니다 (그림 4-12).

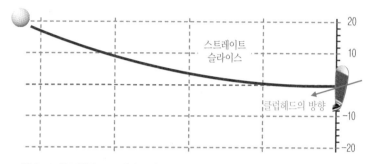

그림 4-12. 골프볼이 스트레이트 슬라이스를 만드는 원인

헤드면의 방향은 목표선상에 있지만, 클럽헤드의 방향이 목표선상의 왼쪽을 향한 상태에서 스윙했기 때문에 결국 심한 outside-in이 되어 슬라이스를 발생시킨다.

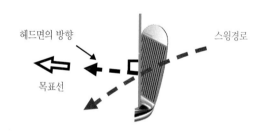

그림 4-13. 스트레이트 슬라이스가 발생하는 경우

헤드면의 방향은 목표선을 향했지만, 클럽헤드의 방향인 스윙경로가 심하게 outside-in이 되어 슬라이스를 발생시킨다. 조금 과장되게 그렸다.

⑤ 스트레이트 슬라이스의 발생원인

  ▼ 헤드면은 목표선을 향했지만, 스윙경로가 심하게 outside-in이 되
    면 슬라이스를 만든다.

두 가지 경우의 슬라이스에 대해 그 원인을 알아보면 다음과 같습니다.
볼은 헤드면이 가리키는 방향에 매우 가깝게, 즉 거의 목표선을 향해 출
발했습니다(그림 4-12, 그림 4-13 참조). 볼이 목표를 향해 출발했다면
그것은 헤드면이 향하는 방향일 겁니다.

  그런데 문제는 헤드면의 방향이 목표선상에 있는 것만으로는 충족되지
않는다는 것이지요.

＊ 더 읽어보면 좋은 것…

  스트레이트 슬라이스의 발생원인은 스윙경로가 목표선의 왼쪽을 향해 심하게
outside-in이 되는 스윙을 했기 때문입니다.
  참고로 이런 결함을 고치기는 생각보다 어렵습니다. 왜냐하면 헤드면을 목표선에
직각으로 하는 것보다 클럽헤드의 방향인 스윙경로를 목표쪽으로 해서 스윙하기가
더 어렵기 때문입니다.

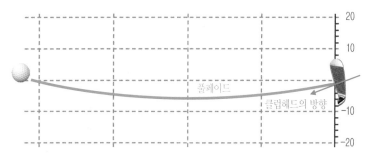

그림 4-14. 골프볼이 풀페이드를 만드는 원인

클럽헤드의 스윙경로인 클럽헤드 방향과 헤드면의 방향이 모두 목표선 왼쪽을 향하면서 심한 outside-in의 스윙경로를 가졌기 때문이다.

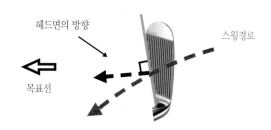

그림 4-15. 볼의 방향이 풀 페이드인 경우

헤드면의 방향과 클럽헤드의 방향인 스윙경로가 심하게 목표선 왼쪽으로 향한 것으로, 즉 심한 outside-in 스윙경로가 슬라이스성 풀 페이드를 만들게 된다. 실제보다 조금 과장되게 표현하였다.

⑥ 풀 페이드의 발생원인

▼ 헤드면의 방향과 스윙경로가 심하게 목표선 왼쪽을 향했다.

▼ 심한 outside-in이 슬라이스성 풀 페이드를 만든다.

이제 '풀 페이드'의 경우를 살펴보겠습니다(그림 4-14, 그림 4-15). 대부분 지도자는 이것을 보고 "헤드면은 멋지게 목표를 향했습니다."라고 할 것입니다. 하지만 이 골퍼는 아직 고쳐야 할 점이 많습니다.

＊ 더 읽어보면 좋은 것…

볼이 왼쪽으로 출발했다면 클럽헤드의 스윙경로와 헤드면이 모두 목표선 왼쪽을 향하고 있었다는 뜻입니다. 그런데 볼이 오른쪽으로 휘었다면 클럽헤드의 방향, 즉 스윙경로가 스트레이트 슬라이스인 경우보다 더 왼쪽을 향하고 있었다는 것이 됩니다. 결론적으로 그 골퍼는 헤드면의 방향을 거의 닫고 아주 심하게 outside-in의 스윙을 한 것이지요.

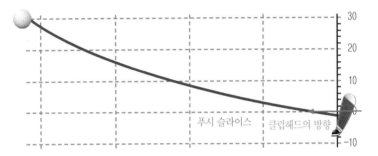

그림 4-16. 스윙경로인 클럽헤드의 방향은 분명히 목표선상에 있지만, 헤드면이 심
하게 열려 있기 때문에 슬라이스가 아주 심하게 발생하는 푸시 슬라이스

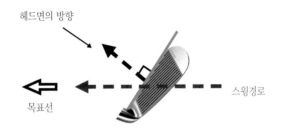

그림 4-17. 볼의 방향이 푸시 슬라이스인 경우

클럽헤드의 방향인 스윙경로는 목표선에 있지만, 헤드면이 많이 열려 있
어 슬라이스를 만드는 것으로, 실제보다 조금 과장되게 표현하였다.

⑦ 클럽헤드의 방향(스윙경로)은 목표선에 있지만, 많이 열려 있는 헤드면이 슬라이스를 만든다.

클럽헤드의 방향이 목표선상에 있음에도 불구하고 슬라이스가 심하게 발생한다면 골퍼에게는 충격적인 상황이겠지요(그림 4-16, 그림 4-17). 클럽헤드의 방향인 스윙경로는 목표선상에 있으므로 스윙경로도 목표선상에 즉 down-the-line이지만, 헤드면이 많이 열려 있어 볼은 헤드면의 방향에 가깝게 출발하게 되어 볼은 심한 슬라이스가 납니다.

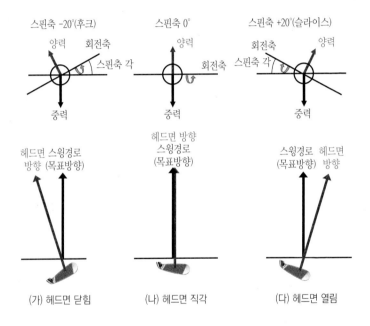

그림 4-18. 볼을 타격하는 순간 클럽의 스윙경로는 모두 목표선을 향하고 있지만, 헤드면이 스윙경로에 대해 닫히고(가), 직각이고(나), 열림(다)에 따라 골프볼의 스핀축은 왼쪽 및 오른쪽으로 기울여져 가상의 사이드스핀 성분을 만든다.

여기서 (가), (나) 및 (다)의 아래 그림은 본래 3차원 그림을 위에서 본 것을 그렸다.

⑧ 볼을 타격하는 순간 스윙경로와 헤드면의 방향차이가 사이드
  스핀 성분을 만들어 슬라이스와 후크를 만든다.

스윙경로와 헤드면이 모두 목표선을 향하는 경우는 사이드스핀 성분을
없고 백스핀만 있게 됩니다(그림 4-18의(나)). 여기에서 후크와 슬라이
스에서 스핀축은 약 20도 기울어졌다고 가정했습니다.

＊ 더 읽어보면 좋은 것…

골프볼을 타격하는 순간 스윙경로와 헤드면 방향차이가 사이드스핀 성분을 만들
어 슬라이스와 후크를 만듭니다. 또 다른 경우는 골프볼이 헤드면의 중앙에 맞지 않
는 off-center hit에서도 스핀축을 기울게 합니다. 실질적인 볼의 사이드스핀은 없지
만, 가상의 사이드스핀 성분은 있습니다.

일반적으로 스윙경로와 헤드면 방향의 차이가 +1도 다르면 아이언은 +2도, 드라
이버는 +4도만큼 스핀축이 기울어지게 됩니다. 이러한 차이는 클럽의 로프트각의
차이 때문에 생깁니다. 로프트각이 작을수록 볼을 똑바로 보내기 어렵지요. 드라
이버는 스핀축이 +10도 기울면 볼은 약 7% 옆으로 날아가게 됩니다. 즉 비거리가
2000야드라면 140야드 옆으로 날아가는 셈이지요.

샤프트, 헤드 및 볼

STEP 5

볼의 비거리를 증가시키는 샤프트는 없지만, 골퍼와의 아름다운 조화는 있다. USGA와 R&A는 전체거리에 대해 '헤드와 볼'만으로 규정한다.

▼ 스파인(spine)과 NBP(natural bending position) : 스파인은 샤프트 단면에서 볼 때 강도가 강한 방향(면)이고, NBP는 강도가 약한 방향(면)이다. 모든 방향(360도)으로 강도가 같아야 좋은 샤프트이다.

① 스파인(spine)의 크기란 스파인과 NBP의 진동수차이다.

▼ 스파인 크기는 일종의 샤프트 결함이다.

골퍼가 클럽을 선택할 때 가장 어려운 일이 자기에게 적합한 샤프트인가를 확인하는 일입니다. 이에 관하여는 아직 일반론만 있을 뿐 어느 누구도 정확한 과학적 관계식을 제시하지 못하고 있는 실정입니다.

퍼팅샵에서는 골프클럽의 선택과정에서 발생하는 골퍼의 능력에 맞는 클럽을 골라주는 일, 즉 헤드속도와 템포 혹은 헤드속도와 헤드가속도에 맞는 진동수를 가진 드라이버 샤프트를 골라주는 일을 어느 정도 하고 있습니다. 그러나 그것에 대한 과학적인 근거나 관련된 과학적 관계식이 분명치 않아 많은 어려움이 있습니다.

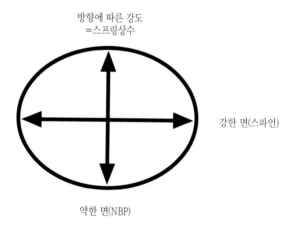

그림 5-1. 방향에 따른 강도(directional stiffness)를 나타내는 샤프트의 단면

스파인(높은 진동수)과 NBP(낮은 진동수)는 보통 직각이지만, 그렇지 않은 경우도 있다. 즉 가로 및 세로의 강도가 같아야 좋은 샤프트이다. 스파인의 크기는 진동수의 제곱에 비례한다.

② 스파인의 크기가 3cpm 이하이면 양호하다.

스파인이란 원래 척추 혹은 등뼈란 뜻입니다. 골프에서 스파인이란 샤프트가 휘어지기 어려운 방향, 즉 샤프트의 단면에서 볼 때 강도가 강한 방향(stiff direction)을 의미하고, 반면에 NBP는 샤프트가 휘어지기 쉬운(weak direction) 방향을 뜻합니다(그림 5-1).

따라서 스파인의 크기(spine size)란 샤프트 단면에서 볼 때 스파인과 NBP와의 진동수차이가 됩니다. 스파인의 크기가 1~3cpm 이하이면 매우 양호한 샤프트입니다. 일반적으로 스파인과 NBP는 서로 직각이지만, 아닌 경우도 많습니다. 또, 그래파이트는 스파인의 크기가 크지만, 스틸이나 필라멘트 샤프트는 스파인의 크기가 비교적 작습니다.

* 더 읽어보면 좋은 것…

샤프트는 각 골퍼의 특성인 트랜지션, 템포와 릴리즈에 맞춰 선택하게 됩니다. 샤프트의 스파인 크기를 점검해서 일반 아마추어 고객에게 추천하는 일은 극히 드뭅니다. 그 아마추어에게는 스파인 크기의 차이가 크게 문제되지 않을 수도 있고, 스파인의 상태가 좋은 샤프트를 찾기가 매우 어렵기 때문일 수도 있습니다. 그러나 프로골퍼들에게는 스파인의 크기가 매우 중요한 요인이 됩니다.

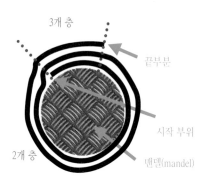

그림 5-2. 샤프트의 단면

처음과 끝부분은 3겹이지만, 강도가 세다. 다른 부분은 2겹으로 되어 있다. 3겹으로 된 부분은 2겹으로 된 부분보다 강도가 세고 진동수도 많다. 샤프트의 가로 및 세로의 진동수를 다르게 하거나, 단면의 방향에 따라 진동수의 차이를 크게 하여 진동시키면 일정한 방향으로 진동하지 않고 매우 불규칙한 진동을 한다.

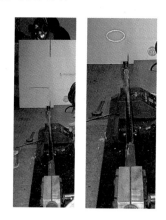

그림 5-3. 샤프트의 스파인을 검사할 때 샤프트의 진동을 FLO(flat line oscillation) 방법으로 검사하는 장면

왼쪽은 레이저 빛의 진동이 가로로 일정하게 움직이지만, 오른쪽은 가로 축 방향으로만 힘을 가했는데도 타원형태 혹은 임의의 방향으로 샤프트가 움직이고 있다.

③ 스파인과 NBP의 진동수차이가 크고 서로 직각이 아니면, 샤프트는 불규칙한 진동을 한다.

샤프트의 스파인 크기에 따라 진동수에는 왜 차이가 생길까요? 샤프트는 재질에 따라 4가지로 구분됩니다.

첫째가 천처럼 생긴 원단을 적정한 넓이로 잘라서 종이 두루마리처럼 둘둘 말아 적절한 접착로 붙이고 열처리를 하여 만든 샤프트입니다. 그래서 두꺼운 쪽은 잘 휘어지지 않고, 얇은 쪽은 상대적으로 잘 휘어집니다. 단면을 보면 두꺼운 부분과 얇은 부분이 있지요(그림 5-2). 이렇게 단면의 두께가 다르므로 그립쪽을 바이스(vise)로 꼭 잡아 움직이지 않게 하고, 샤프트끝에는 헤드 혹은 그와 유사한 무게의 추를 장착한 상태에서 위·아래 혹은 좌·우로 헤드쪽을 잡아당겼다 놓으면 그림 5-3의 왼쪽 그림과 같이 진동이 직선적으로 되지 않고, 그림 5-3의 오른쪽 그림과 같이 시간에 따라 제멋대로 진동하게 됩니다. 즉 불안정하게 흔들리는 현상(wobble)을 볼 수 있습니다.

둘째~넷째의 재질로 만든 샤프트는 127쪽의 '더 읽어보면 좋은 것...'에 있습니다.

* 더 읽어보면 좋은 것…

샤프트의 끝부분에 추와 레이저포인터를 달고 샤프트의 스파인을 검사하는 FLO 방법은 다른 어떤 방법보다도 간결하고 과학적으로도 매우 신뢰도가 높은 방법입니다.

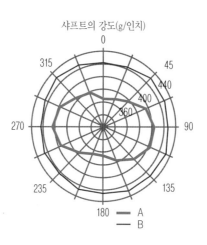

그림 5-4. 샤프트를 360도 회전시키면서 샤프트끝(tip)에 추를 매달아 측정한 샤프트의 강도(g/인치)

샤프트 A는 대략 90과 270도 방향에서 강도가 세고, 0과 180도 방향에서는 강도가 약하다. 이 샤프트 A도 0과 180도 및 90과 270도 방향에서는 직선으로 진동한다.
반면에 샤프트 B는 모든 방향(360도)에서 강도가 거의 오차범위인 1~2% 이내로 일정하여 모든 방향에 대해서 직선적으로 진동한다. 따라서 샤프트 B가 매우 좋은 샤프트이다.

＊ 더 읽어보면 좋은 것…

그밖에 둘째는 스틸을 용접해서 만든 샤프트(welded steel tubing), 셋째는 압출성형샤프트(extruded metal tubing), 넷째는 필라멘트(가느다란 섬유)를 감아서 만든 샤프트(filament wound graphite)입니다.

이렇게 감아서 만든 샤프트 스파인의 크기가 크면 가로 및 세로의 진동수차이가 커집니다. 이 때문에 볼에 대한 어드레스를 정확히 했더라도 볼을 타격하는 순간에 헤드의 움직임이 달라져 볼을 의도한대로 타격하기가 어렵게 됩니다. 따라서 많은 피팅샵에서는 진동수가 작은 쪽에, 즉 약한 쪽에 헤드면이 향하도록 조립을 하고 있지만, 근본적인 처방책은 아닙니다. 진동수가 큰 쪽인 스파인을 헤드면의 방향과 같게 하는 곳도 적지 않습니다(그림 5-3, 그림 5-4).

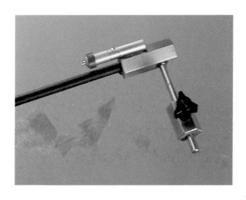

그림 5-5. 샤프트끝에 편심을 만들고 진동시키는 실험

샤프트의 스파인 크기가 작으면 힘을 가한 방향으로만 진동한다. 샤프트 끝(tip)에는 100g의 추와 그 위에 레이저포인터를 달고, 직각인 옆에는 제2의 추 100g을 달고 여러 번 여러 방향으로 진동시키는 실험을 한 결과, 불규칙한 진동(wobble)현상은 거의 보이지 않았다. http://www.csfa.com/tech29.htm

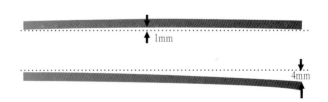

그림 5-6. 샤프트만을 평평한 테이블 위에 놓고 360도 회전시키면 샤프트 중앙 또는 끝(tip)부분이 휘어진다

이 샤프트의 잔류 휘어짐은 스파인과 매우 깊은 관계가 있다.

④ 샤프트끝에 헤드나 추를 부착하면 불규칙한 진동을 할 수밖에 없는가?

샤프트끝에 헤드나 추를 부착하면 타원 혹은 불안정한 진동을 할 수밖에 없다고 주장하는 사람들도 있지만, 그림 5-5와 같이 결코 그렇지 않습니다.

⑤ 샤프트는 잔류 휘어짐(residual bending)이 적어야 한다.

그림 5-6과 같이 샤프트를 평평한 면에 놓고 360도 회전시켰을 때 샤프트 전체길이가 모두 평평한 면에 밀착되어야 합니다. 그렇지 않고 중앙부위가 뜨거나 샤프트 끝부분이 뜨면 곧은 샤프트가 아닙니다. 즉 잔류 휘어짐이 큰 샤프트로 볼 수 있습니다.

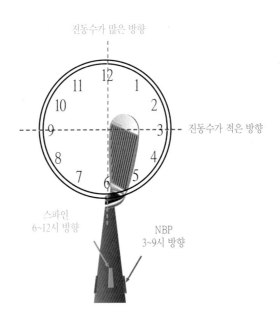

진동수가 많은 방향

진동수가 적은 방향

스파인
6~12시 방향

NBP
3~9시 방향

그림 5-7. 스파인 얼라인먼트

스파인 얼라인먼트는 샤프트와 헤드를 연결하는 방법으로, 스파인은 샤프트가 대칭적으로 만들어지지 않았기 때문에 생기는 일종의 샤프트결함을 보완하는 방법이다.

⑥ 스파인 얼라인먼트(spine alignment)는 헤드와 샤프트를 연결하는 방법이다. 이때 샤프트는 NBP 면이 목표선을 향하도록 한다.—스파인 크기가 클 때 선택하는 차선책이다.

스파인 크기가 3cpm 이하면 어느 방향으로 헤드를 장착해도 좋습니다. 그러나 스파인의 크기가 커서 모든 방향으로 일정하지 않을 때에는 차선책으로 목표선 방향(3~9시 방향, 구부러지기 쉬운 방향)으로는 진동수가 작은 NBP(weak stiffness)면을 선택하고, 진동수가 큰 스파인(strong stiffness)은 6~12시 방향(잘 구부러지지 않는 방향)을 향하도록 헤드와 조립하는 것이 좋습니다.

* 더 읽어보면 좋은 것…

이때 골퍼의 느낌, 거리, 방향, 스위트스폿에 볼이 안정적으로 맞기 등과 같은 블라인드 테스트(blind-test) 결과 비교적 효과가 좋습니다. 특히 6~12시 방향으로는 샤프트 강도가 세서 볼을 타격하는 순간 헤드가 아래로 처지는 현상인 토우-드룹이 적어 볼을 스위트스폿에 충돌시키기가 쉽습니다. 이렇게 스파인과 NBP가 서로 직각을 이루는 90도인 샤프트는 양호한 샤프트로 볼 수 있습니다.

이때의 토크는 약 0.314Nm로 헤드무게 200g, 부피 460cc, 관성모멘트는 0.00042kg·m²입니다. 헤드가 볼과 충돌 전 100ms 이전에 코킹을 풀어 클럽면이 목표선과 직각으로 되었다고 가정하여 계산한 것입니다.

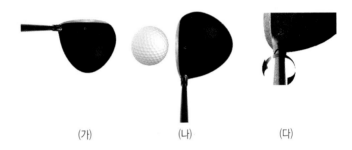

(가)   (나)   (다)

그림 5-8. 헤드면이 90도 회전하면서 샤프트에 토크가 발생한다

(가) 손목 코킹을 풀기 직전 헤드면은 하늘쪽을 향한다.
(나) 볼을 타격하기 직전 코킹을 풀면서 헤드면은 90도 회전하여 목표를
　　향한다.
(다) 볼을 타격하기 직전 손목의 코킹을 풀면서 만들어진 토크에 의해 샤
　　프트는 반시계방향으로 돌려고 한다.

＊ 더 읽어보면 좋은 것…

　드라이버를 다운스윙으로 볼을 타격할 때 그립을 잡은 손목의 코킹을 풀면 클럽
면의 방향은 그림 5-8(가)와 같이 하늘쪽으로 향하다가 그림 5-8(나)와 같이 목표
를 향하게 되므로, 클럽면은 90도 회전하여 그림 5-8(다)와 같이 샤프트의 뒤틀림
현상인 토크가 발생하게 됩니다. 이때 토크값이 커서 클럽면의 심하게 회전하여 목
표방향을 향하지 못하면 볼을 직각으로 타격할 수 없게 됩니다. 따라서 토크값이 작
은 샤프트가 좋지만, 토크값이 지나치게 작은 샤프트는 타격느낌을 좋지 않게 할 수
도 있습니다.

⑦ 잘못된 스파인 얼라인먼트는 추가적인 샤프트 토크를 만든다.

샤프트 토크란 회전시키려는 힘에 대해 저항하려는 힘의 특성
  이다.

토크값이 크다는 것은 회전시키려는 힘이 가해졌을 때 샤프트가 회전한
다는 뜻입니다. 토크는 샤프트 자체의 특성으로, 속도가 느린 스윙에서는
샤프트 휘어짐이 작아 토크가 그렇게 문제가 되지 않습니다.
  일반적으로 그래파이트 샤프트는 아이언계통의 샤프트보다 토크값이
커서 볼을 타격할 때 헤드면이 볼을 직각으로 타격하기 어렵게 합니다.

토크값이 작아도 스파인 얼라인먼트를 제대로 하자.

샤프트의 토크크기는 골퍼의 스윙타입에 따라 결정해야 합니다. 이 토
크값(2~3도)이 작더라도 헤드와 샤프트의 스파인 얼라인먼트가 잘못되
면 샤프트를 휘어지게 하는 방향으로 힘이 가해지지 않게 하기 때문에 또
다른 토크를 만들어 볼을 직각으로 타격하기 어렵게 만듭니다.
  따라서 토크값이 작은 샤프트로 스파인 얼라인먼트를 제대로 해야 볼
을 직각으로 타격하는 데 도움이 될 것입니다. 특히 드라이버 샤프트는
아이언 샤프트보다 그 영향이 큽니다.

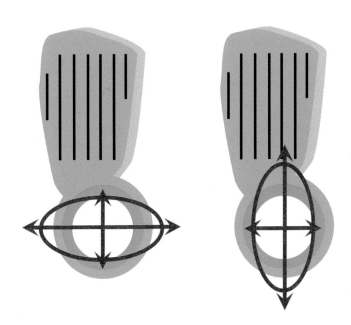

그림 5-9. 샤프트와 헤드가 결합할 때의 스파인 얼라인먼트

붉은색의 타원은 샤프트의 단면으로 긴 화살표는 진동수가 큰 스파인이
고, 작은 화살표는 진동수가 작은 NBP이다. 보통은 오른쪽 그림과 같이
스파인을 클럽헤드와 평행한 방향으로 조립한다.

⑧ 스파인 크기가 약 4cpm 이하인 때 잘못된 스파인 얼라인먼
트를 했다면 토크의 영향을 무시할 수 있다.

▼ 샤프트 230cpm, 헤드무게 200g, 부피 460cc인 경우

스파인 얼라인먼트가 잘못되었을 때 스파인 크기가 크면 볼이 헤드면
의 중심에서 벗어난 지점에서 충돌(off-center hit)할 수 있고, 또 샤프트
휘어짐에 의해 토크가 발생할 수 있습니다. 이러한 토크는 헤드면을 목표
선에 직각으로 만들 때 어려움을 야기합니다. 그러나 스파인 크기가 약
4cpm 이하라면 토크의 영향을 무시할 수 있습니다.

⑨ 샤프트의 스파인과 NBP의 방향이 제멋대로이면?

▼ 헤드를 임시조립한 다음 진동시켜 일정하게 움직이는 방향을 찾
아본다.

사실 스파인이란 샤프트의 자체 결함으로 볼 수 있습니다. 그런데 스파
인과 NBP가 서로 수직이 아니면서 임의의 방향으로 되어 있는 샤프트도
매우 많습니다(그림 5-9). 그렇기 때문에 스파인 얼라인먼트가 제대로
된 샤프트는 많지 않습니다.

이런 경우라면 클럽을 임시로 조립하여 헤드면을 목표방향으로 놓고
샤프트를 360도 회전시켜가면서 여러 번 진동시켜 비교적 일정하게 진동
하는 위치를 찾아 최종 피팅하는 방법도 써볼 수 있습니다.

표 5-1.
"드라이버 성능에서 샤프트길이의 영향"(2008년의 실험논문)에 의한 비거리의 변화

항목	46인치 샤프트	48인치 샤프트*	50인치 샤프트
비거리(야드)	238.8±15.0	244.8±14.1	243.3±16.1
비거리 증가분	0(기준)	6	4.5
1인치당 증가	0(기준)	3	1.1
플렉스(flex)	stiff	stiff	stiff
토크(도)	2.8	2.8	2.8
무게(g)	63	63	63
헤드무게	200.9	199.7	199.8
헤드부피(cc)	350	350	350
로프트각(도)	9	9	9
스윙 웨이트	D9	E4	F4
* USGA(2008)는 클럽 전체의 길이를 최대 48인치로 규정했다.			

샤프트길이가 1인치가 길어지면 비거리는 1~3야드 늘어난다.

① 드라이버 샤프트의 길이가 1인치 길어지면 비거리는 이론적
으로는 4.8야드 늘어나지만, 실제로는 1~3야드 늘어난다.

▼ 길이가 길어지면 무게도 늘어나기 때문이다.

샤프트길이가 길어지더라도 무게가 일정하다고 가정하면 샤프트길이
가 45인치에서 1~2인치 길어진 46~47인치 샤프트로 골프볼을 타격하
면 비거리는 얼마나 늘어날까요? 샤프트길이의 증가는 회전반경의 증가,
즉 헤드속도의 증가로 이어집니다.

세계장타대회(RE/MAX World Long Drive Championship)에서는
샤프트길이가 각각 48인치, 50인치인 드라이버를 사용하기도 합니다. 예
를 들어 평상시 45인치를 사용하는 골퍼의 헤드속도가 100mph일 때 그
의 비거리는 약 248야드입니다. 그가 48인치 혹은 50인치 샤프트를 사
용한다면 그때의 헤드속도는 1인치당 약 2.2%가 증가한 약 107mph와
111mph가 되고, 그때의 비거리는 각각 265야드와 272야드가 됩니다.
즉 샤프트길이가 1인치 늘어난 때 비거리는 평균 약 4.8야드의 증가세를
보이게 되는 것이지요(표 5-1). 물론 이 경우 볼을 스위트스폿에 맞추기
가 점점 어려워지고, 방향성이 나빠진다는 단점도 있습니다.

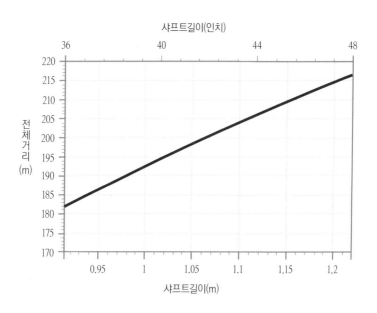

그림 5-10. 헤드속도가 85~90mph인 경우에 샤프트길이에 따른 전체거리의 변화

샤프트길이가 골퍼의 신장에 비해 지나치게 크면 스윙하기가 어려울 뿐만 아니라 스위트스폿에 볼을 맞히기도 어렵다.

② 드라이버 샤프트를 이용하여 비거리를 획기적으로 늘리기는
  어렵다.

골프 관계자 몇몇 분들이 흔히 이야기하는 "클럽을 다운스윙하는 과정
에서 샤프트가 스프링처럼 휘어졌다가 그 반발로 헤드속도가 빨라진다."
는 주장은 전혀 과학적이지 않다는 것이 이미 여러 문헌에서 검증되었습
니다. 또한 그것이 효과가 있다고 해도 매우 미미한 정도이겠지요.

다만 샤프트와 골퍼가 조화를 이룬다면 골퍼는 매우 기분 좋게 볼을 타
격할 수 있을 것입니다. 여기에서 이야기하는 조화란 골퍼의 스윙타입에
맞는 최적의 샤프트를 선택한 경우를 말합니다.

③ 드라이버 샤프트의 길이가 1인치 길어지면 비거리는 평균
  1~3야드 늘어난다.
    ▼ 길이가 길어지면 무게도 무거워진다.
    ▼ 샤프트가 1인치 길어지면 무게는 약 1.5~2.5g 무거워진다.

"드라이버 성능에서 샤프트길이의 영향"이라는 2008년 논문의 실험에
의하면 표 5-1과 같이 샤프트길이가 46인치에서 48인치로 길어지면 그림
5-10과 같이 비거리가 약 6야드가 증가하여 1인치당 비거리는 약 3야드
늘어난 것으로 밝혀졌습니다. 그러나 길이가 50인치로 늘어나자 비거리는
46인치일 때보다 불과 4.5야드밖에 늘어나지 못하여 인치당 약 1.1야드가
늘어난 것으로 보고되었습니다. 물론 샤프트길이가 길어지면 일반적으로
샤프트 전체의 무게도 1인치당 약 2.5g 증가하니 2인치 증가에는 샤프트
무게가 약 5g 증가하게 됩니다. 샤프트길이가 46인치에서 50인치로 길어
졌다면 샤프트무게는 약 10g이 무거워진 셈입니다.

표 5-2.
어택각이 +5도일 때 드라이버 샤프트길이의 증가에 따른 비거리

45인치 샤프트		48인치 샤프트		50인치 샤프트		45와 50인치 일 때 비거리 차이(야드)
헤드속도 (mph) (로프트각)	비거리 (야드)	헤드속도 (mph)	비거리 (야드)	헤드속도 (mph)	비거리 (야드)	
60(19)	117	63.9	130	66.6	139	22
70(17)	151	75.6	168	78.8	177	26
80(15)	184	85.4	199	88.6	207	23
90(13)	215	95.9	231	99.9	242	27
100(11)	248	106.6	265	111.1	272	24
110(10)	277	117.4	292	122.3	300	23
120(9.0)	304	127.9	318	133.2	330	26
130(8.5)	328	138.6	342	144.4	350	22

샤프트길이가 길어지더라도 무게는 일정하다고 가정했고, 48 및 50인치에서도
회전각속도는 45인치와 같다고 가정했다.

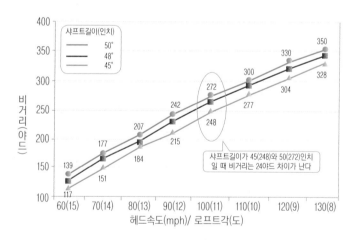

그림 5-11. 드라이버 샤프트길이와 헤드속도에 따른 이론적 비거리의 증가

샤프트길이가 길어지더라도 무게는 일정하다고 가정했다.

④ 샤프트길이가 길어지면 무게도 무거워져 볼을 타격하기 어려워진다.

▼ 자기에게 알맞은 샤프트를 선택하자.

＊ 더 읽어보면 좋은 것…

이론적으로 샤프트의 길이가 길어지면 비거리는 늘어나게 됩니다. 그러나 이 경우 볼을 스위트스폿에 정확하게 타격하기가 어려워져 볼의 방향성이 나빠지게 되지요. 또한 샤프트가 같은 재질이라면 길이가 평균 1인치 증가할 때 샤프트무게는 평균 약 2.5g씩 무거워지므로 골퍼는 볼을 타격하기가 어려워지게 됩니다. 왜냐하면 샤프트무게가 증가하므로 헤드속도는 반비례하여 감소하기 때문입니다. 따라서 샤프트길이를 길게 하려는 유혹에 빠지지 말고 골퍼 자신의 능력에 맞는 샤프트의 길이나 무게를 선택해야 골프가 즐거워질 수 있습니다.

물론 장타를 목적으로 하는 골퍼라면 샤프트길이를 50인치로 하여 많은 연습을 해서 비거리를 늘릴 수는 있지만(표 5-2), 그에 따라 샤프트의 무게도 같이 무거워지므 그 효과는 크지 않습니다(표 5-1, 그림 5-11).

표 5-3.
드라이버 샤프트와 헤드의 무게를 변경했을 때 속도와 비거리의 변화

클럽의 조건	헤드 무게(g)	샤프트 무게(g)	기본 클럽과 차이	헤드속도 (mph)	볼속도 (mph)	비거리 (야드)	비거리차이
기본 클럽	210	90	0	105.1	157.8	260	0
헤드 무게만 변경	220	90	+10	103.5	156.6	256	9
	200	90	−10	106.6	158.6	265	
샤프트 무게만 변경	210	120	+30	103.1	154.8	255	11
	210	60	−30	107.1	160.8	266	
헤드와 샤프트 무게 동시 변경	200	120	+20	104.6	155.6	259	2
	220	60	−20	105.4	159.5	261	
샤프트길이는 45인치, 그립 52g, 반발계수는 0.83으로 일정하게 유지하고, 헤드와 샤프트의 관성모멘트(MOI)는 일정하게 설정해서 계산했다.							

로프트각은 +11도로, 어택각은 +5도로 계산했다.

① 샤프트무게가 10g가벼워지면 비거리는 1.8야드 늘어난다.

샤프트무게를 줄여도 비거리는 많이 늘어나지 않는다.

　샤프트길이는 일정하게 하고 무게를 줄이면 비거리를 상당히 증가시킬 수 있다고 주장하는 사람도 있지만, 사실 그 증가량은 매우 적습니다. 샤프트무게를 120g에서 60g으로 절반 줄이더라도 비거리는 약 11야드 늘어날 뿐입니다(표 5-3). 실제로 물리적 특성을 같게 하면서 샤프트무게를 절반으로 줄이기는 매우 어렵습니다.

　샤프트의 무게가 ±30g 변할 때 헤드속도는 약 4.0mph로 가장 많이 변하고, 헤드무게가 ±10g 변할 때도 약 3.1mph의 차이가 있습니다(표 5-3). 또한 관성모멘트를 일정하게 하면서 헤드와 샤프트의 전체 무게가 ±20g 변하면 헤드속도는 0.8mph밖에 빨라지지 않습니다.

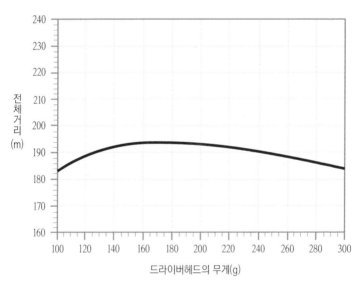

그림 5-12. 헤드속도가 85~90mph인 경우 드라이버헤드의 무게에 따른 전체거리의 변화

헤드무게가 어느 정도 이상 무겁거나 가벼우면 오히려 볼의 비거리는 줄어든다.

② 헤드무게가 10g 줄면 비거리는 4.5야드 늘어난다.

드라이버 샤프트길이를 일정하게 하면서 샤프트무게나 헤드무게(그림 5-12 참조)를 줄이면 헤드속도가 빨라져 비거리가 약간 늘어납니다. 그 이유는 골퍼의 전체적인 에너지는 일정한데 무게가 감소됨에 따라 비거리가 늘어나기 때문입니다.

이것은 맥스 듀필가(Max Dupilka)의 프로그램과 필자의 3차원 골프볼 궤적프로그램(KH-Golf-Trajectory)을 사용하여 계산한 결과입니다(표 5-3). 이때 샤프트길이는 45인치, 그립은 52g, 헤드의 반발계수는 0.83 으로 일정하게 유지하고, 헤드와 샤프트의 전체 관성모멘트(moment of inertia)는 일정하다고 가정했습니다.

할 수 있으면 물리적 특성을 유지하면서 가벼운 헤드와 가벼운 샤프트의 드라이버를 개발하여 비거리를 늘리는 것이 과학자들의 할 일이다.

표 5-4.
어택각이 0도일 때 헤드속도의 증가에 따른 드라이버와 볼과의 반발계수(COR) 감소

| 헤드속도 (mph) | 로프트 각(도) | 스핀값 (rpm) | COR (어택각 0도) | | | | 비거리 증가분 (B-A) (야드) | 비거리 증가율 (B-A)/A (%) |
| | | | 0.83 기준 | | 0.93 기준 | | | |
			COR	비거리 A	COR	비거리 B		
70	17	3,273	0.87	150	0.97	162	12	8.0
80	15	3,311	0.86	182	0.96	195	13	7.1
90	13	3,238	0.85	211	0.95	225	14	6.6
100	11	3,053	0.84	240	0.94	255	15	6.3
110	10	3,054	0.83	267	0.93	283	16	6.0
120	9	3,002	0.82	292	0.92	308	16	5.5
130	8.5	3,073	0.81	316	0.91	334	18	5.7
평균							14	6.8
COR 0.01 증가에 따른 비거리 증가 : 14.3/10=1.43야드								

이것은 COR 0.81~0.87(혹은 0.91~0.97)에서의 비거리이다. COR이 0.01 변할 때 볼의 비거리는 평균 약 1.4야드 변화한다.

표 5-5.
어택각이 +5도일 때 헤드속도의 증가에 따른 드라이버와 볼과의 반발계수(COR) 감소

| 헤드속도 (mph) | 로프트 각(도) | 스핀값 (rpm) | COR (어택각 5도) | | | | 비거리 증가분 (B-A) (야드) | 비거리 증가율 (B-A)/A (%) |
| | | | 0.83 기준 | | 0.93 기준 | | | |
			COR	비거리 A	COR	비거리 B		
70	17	3,273	0.87	157	0.97	168	11	7.0
80	15	3,311	0.86	188	0.96	200	12	6.4
90	13	3,238	0.85	218	0.95	231	13	6.0
100	11	3,053	0.84	248	0.94	262	14	5.6
110	10	3,054	0.83	273	0.93	287	14	5.3
120	9	3,002	0.82	299	0.92	314	15	5.0
130	8.5	3,073	0.81	322	0.91	337	15	4.7
평균							12.8	6.1
COR 0.01 증가에 따른 비거리 증가 : 13.3/10=1.33야드								

이것은 COR 0.81~0.87(혹은 0.91~0.97)에서의 비거리이다. COR이 0.01 변할 때 볼의 비거리는 평균적으로 약 1.3야드 변화한다.

토픽 4

헤드속도가 10mph씩 빨라지면 드라이버와 볼과의 반발계수는 0.01씩 감소

① 반발계수가 0.01 변할 때 비거리는 약 1.4야드씩 변한다.

드라이버 헤드면 중심부에서의 반발계수(COR : coefficient of resti-tution)는 USGA 및 R&A 규정상 0.83(실제는 진자시험기를 이용한 헤드와 강구 추의 접촉시간 간격인 257μs)을 넘지 못하게 되어 있습니다.

그러나 업체의 선전처럼 볼의 비거리는 30~40야드가 더 늘어나지 않으며, 반발계수가 0.01 증가할 때 비거리는 평균적으로 약 1.4야드 늘어납니다(표 5-4, 표 5-5).

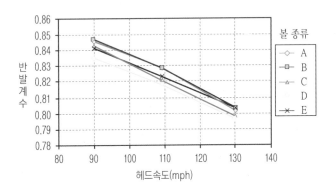

그림 5-13. USGA에서 실험한 드라이버 헤드속도의 증가에 따른 헤드와 볼과의 반발계수 감소

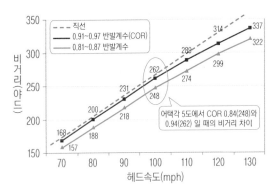

그림 5-14. 드라이버 헤드속도에 따라 헤드와 볼과의 반발계수가 0.81~0.87과 0.91~ 0.97로 변할 때 비거리증가율의 감소

어택각이 +5도일 때 비거리의 증가분은 헤드속도 10mph당 평균 13야 드이고, 0도일 때에는 14야드로 거의 비슷하다.

② 헤드속도가 빨라지면 비거리는 엄밀하게 직선으로 늘어나지 않는다.

헤드와 볼과의 반발계수는 헤드속도가 10mph 빨라질 때 0.01 씩 감소한다.

2006년에 미국골프협회(USGA)에서 투어용 골프볼 5종류를 이용하여 실시한 클럽헤드와 골프볼과의 반발계수 실험에 의하면 드라이버 헤드속도가 빨라질 때 볼 자체의 반발계수도 감소하였는데, 헤드속도가 10mph 빨라지면 골프볼의 반발계수는 평균 0.01씩 감소합니다(그림 5-13).

이와 같은 사실로 미루어볼 때 반발계수가 0.01 증가할 때 비거리는 평균적으로 약 1.4야드가 늘어난다고 보는 것이 타당합니다(표 5-4, 표 5-5, 그림 5-14, 그림 5-15).

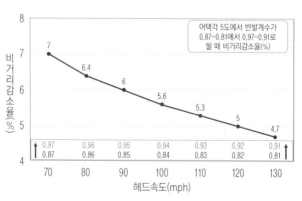

그림 5-15. 어택각이 +5도이고, 헤드속도가 빨라질 때 반발계수가 0.87~0.81에서 0.97~0.91로 되는 경우의 비거리감소율(%)

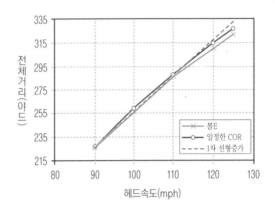

그림 5-16. 드라이버 헤드속도가 빨라질 때 볼의 평균 전체거리(구른거리 포함)(USGA 실험)

이 경우에는 1차 선형증가를 하지 않고 반발계수의 감소로 점차 감소하고 있다.

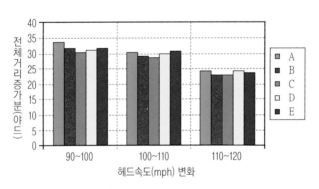

그림 5-17. 드라이버 헤드속도가 평균 10mph 씩 빨라질 때 5개 볼의 전체거리 증가분(USGA 실험)

이 경우에는 헤드속도가 빨라질수록 헤드와 볼과의 반발계수가 점차 감소하는 것을 뜻한다.

헤드속도가 빨라지더라도 비거리는 엄밀하게 직선으로 늘어나지 않는다.

드라이버 헤드속도가 90~100mph일 때에는 속도 10mph당 전체거리의 증가분은 110~120mph보다 평균적으로 9야드 이상이 됩니다(그림 5-16, 그림 5-17). 이것은 헤드속도가 빨라질 때 헤드와 볼 사이의 반발계수가 점차 감소하는 것과 헤드속도가 빠를수록 볼속도도 증가하여 볼의 공기저항이 더 커진다는 것을 뜻합니다.

전체거리 증가분은 헤드속도가 느릴 때 더 효과적이다.

헤드속도가 90~100mph일 때에는 헤드속도 10mph당 전체거리의 증가분이 헤드속도 110~120mph일 때보다 평균적으로 9야드 많이 나옵니다(그림 5-17). 이것은 헤드속도가 빠를수록 볼속도도 빨라져 공기저항이 더 커진다는 것을 증명하는 것입니다. 또한 헤드속도가 빠를수록 비거리 증가율이 낮아지는 현상과도 잘 일치하고 있습니다(표 5-4, 5-5).

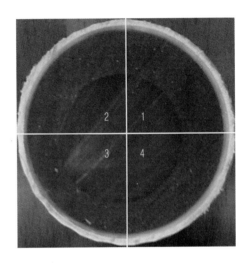

그림 5-18. 코어(core)가 옆으로 많이 편심된 4피스 골프볼의 단면사진

십자선이 만나는 점이 볼의 기하학적인 중심(中心)이지만, 실제중심은
3번 면으로 이동해 있다. 이런 볼은 관성모멘트가 크지 않다.

> **＊ 더 읽어보면 좋은 것…**
>
> 편심이란 볼의 무게중심이 볼의 중앙에 있지 않고 살짝 옆으로 이동한 경우를 말
> 합니다. 골프볼을 절단한 단면을 보면 중심에 있어야 할 코어가 옆으로 약간 이동한
> 볼을 볼 수 있습니다(그림 5-18). 생산되는 골프볼의 99% 이상을 골퍼들은 믿고 사
> 용할 수 있어야 합니다. 왜냐하면 골퍼들이 골프를 할 때마다 여러 개의 골프볼을
> 각자 하나하나 검사해서 사용하기란 쉽지 않기 때문입니다.

관성모멘트가 크면 초기스핀값이 적고 감소율이 낮아 비거리가 늘어난다.
관성모멘트가 크면 볼은 똑바로 날아가고, 똑바로 굴러간다.

① 무게중심(重心)이 중심(中心)에 있지 않다. 똑바로 보낸 볼이 옆으로 가네!

골프에서 장비의 선택도 중요하지만, 볼의 선택도 역시 중요합니다. 분명히 똑바로 볼을 타격했으나 처음에는 똑바로 날아가는가 싶더니 마지막에 휘어져버립니다. 그린에서 퍼터로 똑바로 타격했는데 역시 처음에는 똑바로 굴러가더니 마지막에 가서 홀을 살짝 빗겨갑니다. 그린에서 이 한방으로 누군가는 준우승을 하고, 다른 사람이 우승을 하게 됩니다. 상금은 경기에 따라서 수억 원의 차이가 나기도 합니다.

왜 이런 일 일어날까요? 다른 조건이 모두 완벽한데 말입니다. 볼을 타격하는 초기에는 볼에 가해준 힘 때문에 볼은 목표선(target line)방향으로 가지만, 가는 도중에 직선방향의 힘이 점차 소멸하면 다른 힘이 점차 두각을 나타내기 시작합니다. 특히 그린에서는 그린상태도 볼에 많은 영향을 주지만, 그것도 완벽하다면 골프볼의 편심을 생각할 수밖에 없습니다.

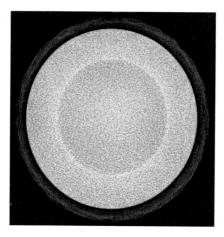

그림 5-19. 엑스레이(x-ray)로 촬영한 4피스 골프볼의 사진

볼에 손상을 주지 않는 매우 추천할만한 방법이다.
(www.drtech.co.kr 제공)

그림 5-20. 엑스레이(x-ray)로 4피스 골프볼 5개를 동시에 촬영한 사진

위 그림을 보면 일부의 볼은 중심이 약간 이동해 있는 것을 볼 수 있다.

② 골프볼의 편심을 확인하려면 관성모멘트나 엑스레이(x-ray)를 이용한 비파괴방법을 사용하면 된다.

골프볼 생산업체에서는 같은 생산설비에서 생산된 가장 좋은 골프볼을 여러 가지 방법으로 검사합니다. 골프볼의 관성모멘트를 측정하여 산출한 볼의 편심에 대한 평균값과 표준편차 등을 토대로 하여 생산설비를 개선하고 품질향상을 도모하여야 합니다.

골프볼을 타격하는 처음에는 관성이 큰 볼은 백스핀값이 작아 비거리를 향상시킬 수도 있고, 볼이 날아가면서 백스핀값 감소율도 낮아져서 비거리를 향상시킬 수도 있습니다. 관성모멘트를 이용한 골프볼 편심 연구는 필수적이고 많은 도움을 주지만, 생산 초기에 측정시간이 많이 소요된다는 단점이 있습니다. 그러나 골프볼 연구에는 반드시 필요한 장치이기도 합니다.

* 더 읽어보면 좋은 것…

골프볼의 편심여부를 확인하려면 관성모멘트와 더불어 엑스레이(x-ray)를 이용한 비파괴방법이 있는데, 1분에 수백 개를 검사할 수 있습니다(그림 5-19, 그림 5-20). 적절한 프로그램을 이용하면 편심의 정도 등을 한 번에 알 수 있으며, 때에 따라서는 비파괴로 내부를 실시간으로 볼 수 있다는 점에서 매우 바람직합니다.

* 더 읽어보면 좋은 것…

약 20도 경사진 면에서 볼을 여러 번 굴려 마지막 단에서 볼이 옆으로 굴러가면 중심의 치우침이 많은 볼입니다. 또는 평평한 면에 볼을 여러 번 떨어뜨려 볼이 튀어오를 때 자꾸 옆으로 이동하면 역시 중심의 치우침이 심한 볼입니다.

퍼팅할 때는 볼의 로고가 길게 있는 방향을 홀의 방향으로 향하도록 놓고 치는 것이 좋습니다.

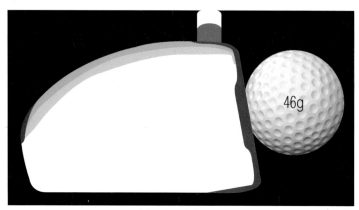

클럽헤드와 볼이 충돌 직전

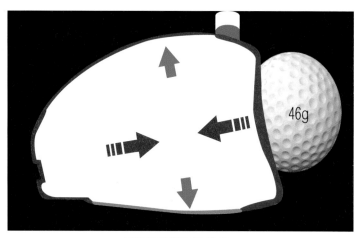

클럽헤드와 볼이 충돌한 후

그림 5-21. 클럽헤드와 볼의 충돌 직전과 충돌 후의 모습

클럽헤드와 볼이 충돌한 후 클럽헤드의 중앙부위와 볼은 서로 찌그러져 0.0004~0.0005초 후 헤드면의 스프링에서 튀어나가는 것처럼 볼은 날아간다(spring effect 혹은 trampoline effect라고 한다). 이때 헤드는 앞뒤로는 찌그러지지만, 상하로는 늘어난다.

③ USGA와 R&A의 255와 320이라는 숫자를 획득하기 위한 골
  프볼 생산업체들의 혈투!

▼ USGA와 R&A는 골프 장비보다는 골퍼의 인간적인 능력을 중시한다.

▼ USGA와 R&A는 매년 볼을 시험하여 공인 볼을 발표한다.

볼 규정 중 초기속도 255fps는 볼 런처인 Illinois Tool Works
  (ITW) Impact-Reaction Tester로, 헤드와 볼과의 반발계수
  에 관련된 것이다.

골프장비와 골프기술의 발달에 따라 USGA와 R&A는 2004년에 헤드
속도 120±0.5mph, 볼런치각 10±0.5도 및 백스핀값 2,520±120rpm
에서 규정된 티타늄 드라이버로 볼을 타격할 때 전체거리가 320(317+3)
야드를 넘지 않도록 규정하고 있습니다.

또한 그림 5-21과 같이 헤드면의 스프링효과(spring effect 혹은
trampoline effect)를 제한하기 위해 반발계수에 의해 측정된 볼의 초기
속도는 255(250+2%)ft/sec을 넘지 말아야 하며, 볼은 모든 방향에 대칭
성이 있어야 한다는 규정을 만들었습니다. 이렇듯 USGA와 R&A는 클럽
면과 볼에 관한 제한규정을 두고 있습니다.

* 더 읽어보면 좋은 것…

이는 아주 얇은 헤드면과 볼의 반발계수의 크기가 0.83(볼에 전달하는 에너지
가 83%)을 넘지 않게 하려는 조치입니다. 헤드면에 스프링효과가 없다면 볼과
의 반발계수는 약 0.78 정도이고, 헤드면과 볼과의 이론적인 반발계수의 한계는
0.93~0.94 정도입니다. 완벽한 헤드면과 볼의 절대적인 반발계수 한계는 1.00이 됩
니다. 이것은 클럽의 에너지가 100% 볼에 전달되는 경우이지요.

볼의 초기속도인 256fps는 ITR(indoor test range)에서 볼의 전체거리를 제한하는 볼 자체의 규정으로, 255fps와는 서로 다른 개념이다. ITR은 풍동(wind tunnel)실험보다 훨씬 정확한 것으로 알려졌다.

많은 골프볼 생산업체들은 골프볼에 관한 두 가지 조건(ITW로 측정한 볼의 초기속도 255ft/sec 이하, 골프로봇으로 볼을 타격할 때 볼의 초기속도 256fps)을 충족시킨 상태에서 전체거리 320야드를 내기 위하여 온갖 노력을 다하고 있습니다. 즉 딤플의 구조해석과 재질변경 등을 통해 작은 백스핀으로 최고의 비거리와 전체거리를 낼 수 있는 볼을 만들고자 수억 달러를 투자하고 있습니다. 단순히 볼의 반발계수만을 증가시켜 초속이 255ft/sec을 넘고 전체거리 320야드 이상을 내는 골프볼을 만드는 것은 어렵지 않습니다.

골프볼의 비거리차이는 4.0야드, 비행시간은 0.4초보다 커서는 안 된다.
▼골프볼의 딤플 개수 및 구조에 관해서는 규정되어 있지 않다.

USGA에서는 전체거리 외에 볼의 가로 또는 세로의 어느 축을 회전축으로 하여 타격해도 비거리는 4.0야드, 볼의 비행시간은 0.4초보다 큰 차이가 생기면 안 된다고 규정하고 있습니다. 이것은 볼의 대칭성을 중요시하고, 생산된 볼의 기간(period)별 혹은 로트(lot)별 품질의 균일도에 관한 규정입니다. 하지만 골프볼의 딤플 개수 및 구조에 관해서는 규정을 하지 않고 있고, 다만 볼 전체의 내부 및 외부 구조의 대칭성만을 강조하고 있습니다.

④ 과학적 이론과 경험이 융합될 때 최고의 골프볼이 탄생한다.

\# 볼의 초기속도가 255fps인 경우에는 딤플과 관성모멘트만이
 전체거리를 증가시킨다.

\# 지름 약 43mm, 무게 약 46g인 골프볼

골프볼에 관한 규정은 볼의 지름이 42.67mm(1.68인치)보다 작으면 공기저항이 적어 비거리를 증가시키므로 맞지 않고, 무게가 45.93g(1.62온스)보다 무거우면 역시 관성모멘트가 커서 규정된 거리를 증가시키므로 사용해서는 안 된다고 합니다. 따라서 골프볼 생산업체에 만든 골프볼의 초기속도가 255fps에 도달했다면, 볼생산업체는 딤플과 관성모멘트만을 개선하여 비거리와 전체거리를 증가시켜야 합니다.

뉴턴의 운동역학에서는 "골프볼의 관성모멘트와 백스핀값은 서로 반비례한다."고 이야기합니다. 즉 관성모멘트가 커지면 백스핀값은 작아지는 것이지요.

* 더 읽어보면 좋은 것…

밀도가 균일한 골프볼의 관성모멘트는 83.6g · cm^{2}입니다. 이 값보다 20% 더 큰 100.4g · cm^{2}이 되면 그때의 볼스핀값은 약 500rpm 줄어 비거리는 드라이버 헤드 속도를 120mph로 기준으로 해서 약 4~60야드 늘어나게 됩니다.

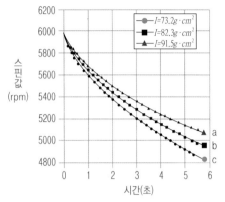

그림 5-22. 관성모멘트가 다른 3개 볼의 시간별 스핀값감소

실선은 이론값이고, 각각의 세모, 네모 및 원은 실험값이다. 각 값은 5번 아이언으로 타격한 볼을 레이더로 측정한 것으로, a와 c의 스핀값차이는 약 300rpm이다. 이 경우 비거리는 PGA 선수는 약 2~3야드, LPGA 선수는 약 1~2야드의 차이가 있다.

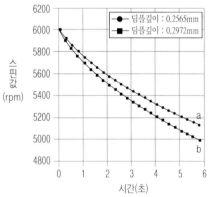

그림 5-23. 딤플깊이가 다른 2개 볼의 시간별 스핀값감소

딤플깊이가 깊은 볼(b)의 스핀값감소가 더 크다. 딤플깊이 차이 0.04mm에 의해 볼스핀값은 약 180rpm 정도 달라지고 있으며, 이 경우 비거리는 PGA와 LPGA 선수는 약 1~2야드의 차이를 보이고 있다. 각 값은 5번 아이언으로 타격한 볼을 레이더로 측정한 것이다.

⑤ 볼스핀값은 딤플과 관성모멘트의 복합적인 요소에 의해 결정된다.
  ▼ 작은 것을 소홀히 하는 자는 큰 것도 소홀히 한다.
  ▼ 흔들리지 않고 피는 꽃이 어디 있으랴!

볼의 관성모멘트가 크면 볼이 날아가는 도중의 스핀값감소가 적어 비거리를 늘려주고, 사이드스핀값도 적어 똑바로 날아가려는 경향도 있습니다(그림 5-22). 이렇듯 골프볼의 딤플과 구조해석에 관한 이론적 계산은 무척 까다롭습니다(그림 5-23). 그렇기 때문에 초기모델을 만들고 실제와 비교해서 수정해나가는 절차가 반드시 필요합니다.

딤플과 볼 구조해석 프로그램을 통해 각 층의 두께를 몇 겹으로 조정하여 어떤 물질로 만들 때 반발계수와 더불어 관성모멘트가 가장 크게 될지를 업체의 실무진들과 과학자들이 같이 풀어갈 때 최고의 골프볼이 탄생할 수 있을 것입니다.

(가) 볼이 철판과 충돌한 후 압축된 모습

(나) 볼이 철판과 충돌한 후 떠나는 모습

그림 5-24. USGA Research and Test Center에서 철판에 볼을 150mph로 충돌시킨 전후 모습

(가)는 골프볼이 상당히 압축되어 볼의 모양은 거의 타원형으로 보인다.
(나)는 볼이 철판과 충돌 후 떠나는 모습으로, 볼의 철판에 접착제로 붙어 있다가 떠나는 듯한 모습을 하고 있다.
영상은 초당 40,000장을 촬영한 것이다.

⑥ USGA에서 골프볼을 철판에 충돌시키는 느린 동영상

철판에 충돌하는 골프볼의 속도는 150mph(헤드속도 약 103mph)이고, 카메라는 초당 40,000장을 촬영할 수 있습니다(그림 5-24). 이 실험은 USGA Research and Test Center에서 수행된 것입니다.

http://www.youtube.com/watch?feature=endscreen&v=00I2uXDxbaE&NR=1

볼피팅은 없다.―압축강도는 느낌이고, 반발계수는 속도일 뿐이다.

현재 볼제조업체들이나 골프 관련업무 종사자들 사이에 볼피팅에 관한 논란이 꾸준히 일고 있다. 이 때문에 일반골퍼와 프로골퍼들도 더욱 혼란해하고 있다. 즉 헤드속도가 빠른 골퍼는 딱딱한 볼을 사용해야 하고, 헤드속도가 느린 골퍼는 부드러운 볼(쉽게 찌그러지는 볼)을 사용하여 타격해야 비거리가 더 나간다고 한다.

관련 과학적 증거는 제시하지 않으면서 볼피팅을 주장하고 있는 업체가 있는가 하면, 볼피팅은 존재하지만 그 차이는 아주 미미하다고 주장하는 업체도 있다. 과연 무엇이 옳고 그른가?

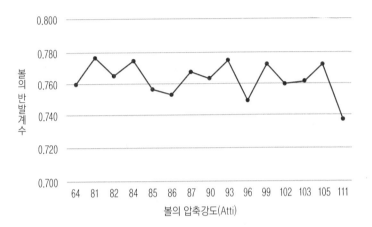

그림 5-25. 자체 실험한 13개의 서로 다른 볼의 압축강도(Atti)와 반발계수

볼피팅이란
이론적으로는 옳다.

볼이 드라이버헤드에 의해 타격을 받으면 볼은 헤드면에서는 납작하게 면과 평행으로 길어져 달걀모양인 타원형으로 바뀌었다가 다시 반대로 되는 과정을 반복하면서 본래의 모습으로 돌아갑니다. 이때 볼의 변형을 압축(compression)이라고 합니다. 이 압축정도를 Atti, Riehle 및 Instron 압축 등으로 표현하는데, 이들 간에는 서로 변환이 가능합니다. 이때 압축강도는 계산과정에서 단위가 없어지기 때문에 단위가 없습니다 (dimensionless). 이 중에서 Atti 법을 가장 많이 사용하고 있습니다.

이 과정에서 헤드속도가 빠른 골퍼가 압축이 잘 되는 볼을 타격하면 볼이 많이 변형되는 과정에서 헤드의 에너지를 많이 소모하기 때문에 이 골퍼는 압축이 잘 안 되는 더 딱딱한 볼을 타격해야 비거리가 길어질 것입니다. 반면에 헤드속도가 느린 골퍼는 압축이 잘 되는 볼을 타격하면 볼이 스프링처럼 압축되었다가 펴지는 과정에서 볼의 속도가 빨라질 것입니다. 이론적으로는 맞는 말입니다.

그러나 실험 결과를 보면 그 증가량은 매우 적어 거의 구분하기가 어려울 정도이고, 그 차이는 오차범위 내에 있습니다.

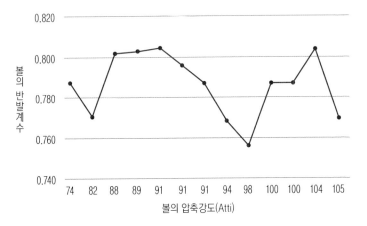

그림 5-26. 2002~2004년 캘러웨이실험에 의한 13개의 서로 다른 볼의 압축강도(Atti) 와 반발계수

볼의 압축강도와
볼의 반발계수는 거의 관계가 없다.

볼이 압축강도가 크면 볼의 반발계수(cor)도 클 것이라는 일반적인 예상과는 다르게 거의 관계가 없는 것으로 자체 실험이나 캘러웨이실험에서도 나타났습니다(그림 5-25, 5-26). 물론 캘러웨이실험 결과를 보면 일부는 관계가 있으나, 그 정도는 매우 미미합니다.

결과적으로 골프볼의 비거리를 결정짓는 것은 볼의 압축강도가 아니라 볼의 반발계수입니다. 골프볼의 비거리를 계산하는 물리학적인 이론을 보면 여러 변수 중에 볼의 반발계수는 있지만, 볼의 압축강도는 없습니다.

표 5-6.
트랙맨으로 측정한 100개 자료의 평균값

볼 타격 시의 헤드 자료 (모든 자료는 24℃의 항온실에서 실험)	설정 헤드속도 70mph		설정 헤드속도 110mph	
실험한 5개 브랜드의 볼 개수(개)	25	25	25	25
볼의 압축강도 평균(Atti compression)	80	105	80	105
5개 브랜드 볼의 평균반발계수	0.762	0.764	0.762	0.764
타격 전 헤드평균속도(mph)	69.9	69.8	110.5	110.8
볼의 평균속도(mph)	105	105.1	163.8	165.3
평균스매시계수(볼속도/헤드속도)	1.502	1.506	1.482	1.492
볼의 평균런치각(도)	13.9	13.6	10.7	10.4
볼의 평균백스핀값(rpm)	2,900	3,096	3,934	4,255
볼의 평균비거리(야드)	142.5	142.5	264.0	262.7
볼의 비거리증가분(야드)	0	0	0	-1.3
* 최근에는 Atti 기준 압축강도가 110을 넘는 볼은 찾아보기 어렵다.				
* 비거리는 볼의 반발계수에 의해 많은 영향을 받는다.				

트랙맨으로 측정한 자료 총 100(=25×4)개의 평균값이다. 이때 헤드속도는 각각 70과 110mph로 측정한 후 실험을 수행했다. 2013년 트랙맨의 발표에 의하면 트랙맨 런치모니터의 헤드속도 측정오차는 ±1.5mph(absolute accuracy, 95% confidence)이다. 이것을 비거리로 환산하면 ±4야드 정도이다. 물론 헤드와 볼 종류에 따라서도 약간 달라질 것이다. 드라이버는 티타늄헤드에 로프트각은 10.5도이다.

표 5-7.
트랙맨으로 측정한 40개 자료의 평균값

볼 타격 시의 헤드 자료 (모든 자료는 24℃의 항온실에서 실험)	설정 헤드속도 70mph		설정 헤드속도 110mph	
실험한 2개 브랜드의 볼 개수(개)	10	10	10	10
볼의 압축강도 평균(Atti compression)	70	120	70	120
2개 브랜드 볼의 평균반발계수	0.752	0.758	0.752	0.758
타격 전 헤드평균속도(mph)	70.3	70.1	110.6	110.7
볼의 평균속도(mph)	105.2	105.2	162.8	165.4
평균 스매시계수(볼 속도/헤드속도)	1.496	1.501	1.472	1.494
볼의 평균런치각(도)	14.4	13.9	11.3	11.1
볼의 평균백스핀값(rpm)	2,633	2,938	3,743	4,118
볼의 평균비거리(야드)	143.4	143.2	265.1	264.9
볼의 비거리증가분(야드)	0	-0.2	0	-0.2

트랙맨으로 측정한 자료는 총 40(=10×4)개의 평균값이다. 이때 헤드속도는 각각 70과 110mph로 설정한 후 실험을 수행했다.

실험 결과는
매우 작은 차이만을 보여준다.

7개 브랜드의 볼 중에서 5개 브랜드 볼의 압축강도를 Atti 법으로 측정했습니다. 이때 압축강도가 약 80과 105되는 타이틀 리스트 10개(=5×2), 캘러웨이 10개(=5×2), 테일러메이드 10개(=5×2), 나이키 10개(=5×2), 볼빅 10개(=5×2)를 실험하였습니다. 추가로 2개 브랜드에서는 압축강도의 차이가 더 큰 70과 120되는 캘러웨이 10개, 던럽 10개 총 70개 볼을 선정하였습니다. 드라이버는 10.5도 KZG SPX 460 하나만 사용했습니다.

표 5-6과 표 5-7은 압축강도가 각각 평균 80(혹은 70)과 105(혹은 120)인 두 종류의 볼을 실내에서 골프로봇에서 헤드속도를 70mph과 110mph으로 설정하여 총 140개의 볼을 번갈아 타격하게 한 후 트랙맨으로 측정한 자료입니다. 이때 자료의 오류를 적게 하기 위하여 볼이 스위트스폿에 잘맞은 자료만 골라 처리했습니다. 또한 그 내용 중에는 그림 5-34와 같이 압축강도 70과 120인 볼을 이용한 실험결과와의 차이를 좀 더 보려고 했습니다. 2014년 현재 Atti 기준 120인 볼은 구하기가 어렵고, 최댓값은 110 정도입니다.

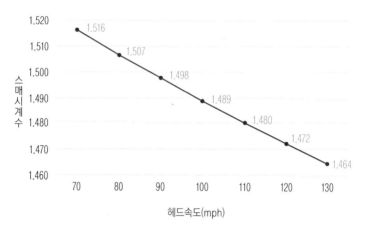

그림 5-27. 스매시계수와 헤드속도

　　스매시계수(볼속도/헤드속도)는 헤드속도가 커질수록 작아진다. 이때 스
매시계수의 오차는 약 ±0.010이다. 이것은 헤드와 볼종류에 따라 다르
다(그림 5-10 참조).

헤드속도가 110mph일 때에는 비거리는 불과 1.3야드밖에 차이가 없었다.-볼피팅은 없다.

헤드속도를 로봇에서 110mph로 설정하여 압축강도가 105인 볼을 타격했을 때 볼의 비거리는 압축강도가 80인 볼에 비하면 오히려 1.3야드가 짧았습니다. 헤드속도를 70mph로 설정한 경우에는 비거리에는 차이가 없었습니다. 압축강도가 70 및 120인 볼에서도 비거리차이는 0.2야드에 불과했습니다.

이와 같이 140개의 볼을 이용한 실험자료로 판단하건대, 헤드속도에 따른 볼피팅은 이론적으로는 타당성이 있으나 실제상황에서는 그 차이가 거의 없다고 보는 것이 더욱 합리적으로 볼 수 있습니다.

헤드속도가 빠를 때 압축강도가 큰 볼을 타격하면 볼스핀값도 증가하고, 반발계수 감소에 따른 스매시계수도 그림 5-27과 같이 상대적으로 작아지는데(같은 속도에서는 압축강도가 큰 볼의 스매시계수가 크다), 이것은 볼의 비거리를 감소시키는 주된 요소입니다. 헤드속도가 증가할 때 볼의 비거리는 1차적으로 증가하지 않고, 상대적으로 감소합니다.

압축강도가 105인 볼의 스핀값이 증가하면 비거리는 줄어든다.

표 5-6에서 보듯이 압축강도가 큰 105인 볼의 스매시계수와 스핀값이 압축강도가 80인 볼에 비해 스매시계수는 각각 0.004 및 0.01 증가했고, 스핀값은 각각 196 및 321rpm 증가했습니다. 스매시계수의 증가는 비거리를 증가시키지만, 스핀값의 증가는 비거리를 감소시킵니다. 스핀값의 증가가 결과적으로 비거리를 더 감소시켰습니다.

볼타격 시 헤드속도는 볼의 압축강도에 따라 달라진다.

그림 5-28, 그림 5-29, 그림 5-30 및 그림 5-31은 5개 브랜드의 볼을 각각 헤드속도 70과 110mph로 설정한 경우 압축강도(Atti)가 80과 105일 때의 헤드속도와 비거리의 변화입니다. 설정한 헤드속도가 70mph일 때

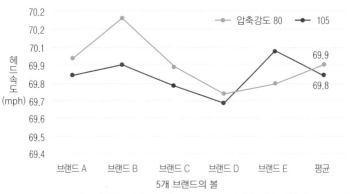

그림 5-28. 5개 브랜드의 볼을 각각 헤드속도 70mph로 설정한 경우 압축강도가 80과 105일 때 헤드속도의 변화(표 5-6 참조)

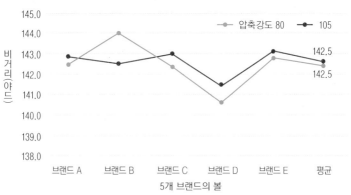

그림 5-29. 5개 브랜드의 볼을 각각 헤드속도 70mph로 설정한 경우 압축강도가 80과 105일 때 비거리의 변화(표 5-6 참조)

에는 압축강도가 작은 80에서 헤드속도가 0.1mph 빠르게 측정되었고, 설정한 헤드속도가 110mph일 때에는 압축강도가 큰 105에서 헤드속도가 0.3mph 빠르게 측정되었습니다. 즉 헤드속도가 느린 경우에는 압축강도가 작은 볼의 헤드속도가 빠르고, 헤드속도가 빠르면 딱딱한 볼을 타격할 때 헤드속도가 빠르게 측정되었습니다. 그러나 그 차이는 매우 작았습니다.

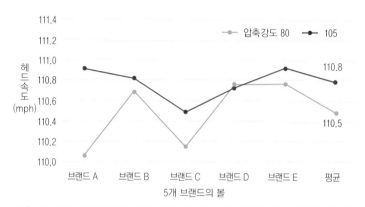

그림 5-30. 5개 브랜드의 볼을 각각 헤드속도 110mph로 설정한 경우 압축강도가 80과 105일 때 헤드속도의 변화(표 5-6 참조)

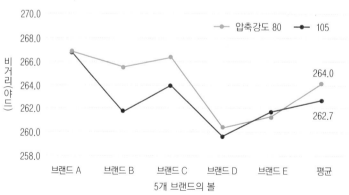

그림 5-31. 5개 브랜드의 볼을 각각 헤드속도 110mph로 설정한 경우 압축강도가 80과 105일 때 비거리의 변화(표 5-6 참조)

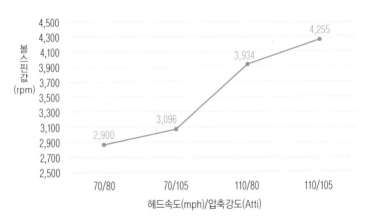

그림 5-32. 5개 브랜드 볼의 헤드속도가 각각 70과 110mph 근처에서 압축강도(Atti) 80과 105일 때 볼의 압축강도 증가에 따른 볼스핀값의 변화(표 5-6 참조)

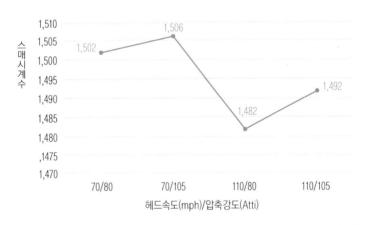

그림 5-33. 5개 브랜드 볼의 헤드속도가 각각 70과 110mph 근처에서 압축강도(Atti) 가 80과 105일 때 볼의 압축강도 증가에 따른 볼의 스매시계수(볼속도/ 헤드속도)의 변화(표 5-6 참조)

압축강도가 크면 스핀값과 스매시계수가 증가한다.

그림 5-32와 그림 5-33은 5개 브랜드 볼의 헤드속도가 각각 70과 110mph 근처에서 압축강도 80과 105일 때 볼스핀값과 스매시계수가 증가하는 모습입니다. 볼스핀값의 증가는 비거리를 짧게 하고, 스매시계수의 증가는 비거리를 크게 합니다.

그림 5-33을 보면 5개 브랜드 볼의 헤드속도가 70과 110mph 근처에서 압축강도 80과 105일 때 헤드속도가 클수록 스매시계수는 작아지는데, 그 이유는 헤드속도가 빠를수록 볼과 헤드와의 반발계수가 작아지기 때문입니다(그림 5-10 참조). 헤드속도가 70과 110mph 근처라고 한 이유는 볼의 압축강도에 따라 헤드속도가 약간씩 달라지기 때문입니다.

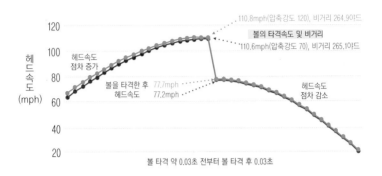

그림 5-34. 설정한 헤드속도가 110mph일 때 압축강도 70과 120인 볼의 타격 전후의 헤드속도

로봇에서 헤드속도를 110mph로 설정한 후 압축강도(Atti)가 70과 120인 볼을 타격한 전후의 데이터를 트랙맨 원자료(raw data)를 이용하여 계산했다. 압축강도의 영향을 좀 더 확실히 보기 위해 Atti 70과 120의 경우를 비교했다. Atti 70과 120은 매우 큰 차이어서 Instron 장비로 측정할 경우 볼을 2.5mm 변형시키기 위해서는 Atti 70은 80kg의 압력이 필요한데 반해, Atti 120은 160kg의 압력이 필요하다. 최근에는 Atti 120인 볼은 거의 없다.

설정한 헤드속도가 110mph일 때 압축강도 70과 120인 볼의 타격 전·후의 헤드속도

로봇에 부착된 드라이버의 헤드속도를 70 혹은 110mph으로 설정한 다음 압축강도(Atti) 90인 볼을 트랙맨을 이용하여 헤드속도를 측정하였습니다. 따라서 볼의 압축강도가 90과 다르면 헤드속도는 약간씩 달라집니다.

그림 5-34는 압축강도의 차이를 좀 더 보기 위해 압축강도 70과 120인 볼을 골프로봇에서 헤드속도를 110mph로 설정하여 볼을 타격한 다음 트랙맨으로 측정한 원자료(raw data)를 분석한 것입니다.

그림 5-34를 보면 중앙에서 드라이버 헤드가 볼을 타격하는 순간 볼의 압축강도에 따라 헤드속도의 차이가 나는 것을 볼 수 있습니다. 헤드속도를 70mph로 설정한 경우 압축강도가 70과 120일 때를 그림에서는 차이를 볼 수 없습니다. 이 경우도 헤드속도가 70mph이라면 압축강도가 70인 경우의 평균비거리는 143.4야드, 압축강도가 120인 경우의 평균비거리는 143.2야드입니다. 또한 헤드속도가 110mph이라면 압축강도가 70인 경우의 평균비거리는 265.1야드, 압축강도 120인 경우의 평균비거리는 264.9야드로, 불과 0.2야드 차이밖에 나지 않습니다.

실제 Atti 120인 볼은 너무 딱딱하여 느낌이 좋지 않고, 스핀제어가 매우 어렵습니다.

USGA에서는 전체 라운드에
규정된 하나의 볼을 사용하게 한다.

USGA와 R&A 규정 5-1에서는 전체 라운드에 한 종류(one golf ball model)의 볼만을 사용하도록 규정하고 있습니다. 그런데 전체 라운드에서 골퍼는 여러 형태의 비거리가 발생되도록 경기를 하게 됩니다. 비거리를 가장 멀게 하는 드라이버, 일정한 거리를 내게 하는 아이언, 그린 근처에서 짧은 샷 및 수 야드의 퍼팅 거리도 있기 때문에 거리만을 고집해서는 안 됩니다. 따라서 거리, 제어(스핀), 탄도 등도 함께 고려해서 볼을 선택해야 좋은 경기를 할 수 있습니다.

최근 경향은 볼의 압축강도를 가능한 한 부드럽게 하여 볼제어(control)를 더욱 쉽게 하고, 볼의 반발계수는 좀 더 크게 하여 비거리를 늘리려는 업체들이 많아지고 있습니다.

볼피팅 실험은
실내에서 하자.

 # 볼피팅 실험은 실내에서 해야 관성모멘트 및 딤플의 영향을 배제할 수 있다.

볼피팅 실험은 볼의 관성모멘트 및 딤플의 영향을 배제하기 위해서는 반드시 실내에서 하여야만 오류가 적은 실험자료를 얻을 수 있습니다.

볼피팅 실험을 실외에서 하면 볼의 관성모멘트와 딤플의 영향 외에 순간적이 바람의 방향 등 때문에 잘못된 자료를 분석하는 오류를 범할 수 있습니다. USGA에서도 볼의 전체거리를 측정할 때는 외부 환경요인을 제거하기 위해 실내에서 볼실험을 합니다. 일부 업체들은 실외에서 볼실험을 하여 잘못된 자료를 가지고 볼을 개발하기도 합니다.

골프로봇에서 헤드속도를 설정할 때에는 압축강도가 80~90
정도의 볼이 좋다.

골프로봇에 드라이버를 장착하고 헤드속도를 설정할 때에는 임의의 볼을 타격하면서 트랙맨으로 헤드속도를 측정합니다. 이때 압축강도가 너무 작은 Atti 기준 50~60인 볼을 헤드속도 110mph에 설정하면 압축강도가 작은 볼들은 110mph에 가깝게 측정되지만, 압축강도가 큰 볼들은 110mph을 훨씬 넘는 111~112mph로 측정됩니다.

반대로 압축강도가 매우 큰 Atti기준 120 정도인 볼을 헤드속도 110mph로 설정하면 압축강도가 큰 볼을 타격할 때 헤드속도는 110mph에 가깝게 측정되지만, 압축강도가 적은 볼들은 108~109mph로 측정됩니다.

따라서 Atti 기준 80~90 정도인 볼로 설정하면 그 차이를 줄일 수 있습니다. 본 실험에서는 압축강도 90을 기준으로 하여 로봇의 헤드속도를 설정하였습니다.

볼은 부드럽게 해서 스핀값을 줄이고, 반발계수는 크게 하자.

결론적으로 볼피팅 운운하는 것은 이론적으로는 어느 정도 맞는 말이나 실질적으로 인간의 능력범위 안에서는 그 차이가 미미하므로 없다고 보는 것이 합당합니다. 즉 오차범위 안에 있다고 할 수 있습니다. 특히 드라이버의 경우 같은 골퍼라도 볼을 타격할 때마다 그 비거리는 약 ±3 이상 차이가 날 수도 있습니다. 이 작은 차이를 가지고 갑론을박하는 것은 시간낭비일 뿐입니다. 그보다는 압축강도는 적은 볼, 즉 부드럽고 반발계수가 큰 골프볼이 전 라운드에서 유용하다고 봅니다.

요약하면 볼의 압축강도(compression)는 느낌(feel)이고, 반발계수(cor)는 속도(speed)이다.

Compression is Feel, COR is Speed !

＊ 참고

볼피팅에 관한 실험은 한남대학교 골프레저학과 이근춘 교수, 서아람 교수와 고려대학교 김선웅 명예교수(물리학)가 공동으로 한국스포츠개발원 김준래 님의 도움으로 수행되었습니다. 본 내용은 좀 더 자세하게 논문으로 출간될 예정입니다.

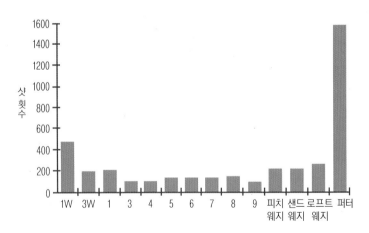

그림 5-35. 골프클럽별 사용빈도

한 라운드에
퍼터는 약 43% 사용한다.

『숏게임바이블』이라는 책자에 실린 물리학 전공인 데이브 펠츠가 조사한 골프클럽 사용빈도를 보여주는 그림 5-28에서 골프클럽의 사용빈도를 보면 우드는 20~25%, 아이언은 15~20%, 웨지는 15%이고, 퍼터는 무려 43%입니다. 14개 클럽 중 퍼터의 사용빈도가 가장 높습니다. 18개의 모든 홀에서 퍼터가 사용됩니다.

드라이버도 1타, 퍼터도 1타이다.

드라이버도 1타, 퍼터도 1타이지만, 일반골퍼들은 드라이버능력을 키우기 위해서 퍼팅연습보다 드라이버연습을 4~5배는 더 몰입할 것입니다. 그럴 수밖에 없는 것이 드라이버로 타격하여 경쾌하게 날아가는 볼을 보면서 쌓인 스트레스도 함께 기분 좋게 날려보내기 때문이기도 합니다.

퍼팅연습은 실제로 그린에서 연습하기 쉽지 않고, 연습장에서 하면 곧 싫증을 느끼게 됩니다. 그린에서는 변수가 너무 많습니다. 커브에, 오르막 내리막에, 풀(grass)도 앞으로 뒤로 옆으로, 또 지름 108mm의 홀은 왜 솟아있는지? 정말 마지막에 108번뇌는 시작됩니다.

그러나 중요한 3가지는 그린을 잘 읽기(good green reading), 볼의 출발선(starting line) 및 볼의 속도(speed control)입니다.

우승과 역전패 사이

2013.12.10일 '조선일보'에 게재된 "우승과 역전패 사이…퍼팅이 있었다." 라는 "우즈와 유소연을 울린 퍼팅의 과학"이란 내용이 있다.

당시에 타이거 우즈는 골프사상 결정적인 순간의 퍼팅(clutch putting) 성공률이 가장 높은 골퍼로 꼽힌다고 했으나, 미국 캘리포니아주 사우전드오크스의 셔우드 골프장에서 막을 내린 노스웨스턴 뮤추얼 월드 챌린지 골프대회 연장 첫 홀에서 우즈가 1.5m 파 퍼팅을 놓쳐 잭 존슨에게 우승컵을 내주자 미국 언론은 "역시 골프에서 가장 어려운 샷은 짧은 퍼팅"이라고 했다.

당시에 우즈는 내리막 경사에서 조심스럽게 퍼팅을 했지만, 스피드가 붙은 볼은 홀 왼쪽 가장자리에서 휙 돌아나갔다. 한편 "한때 3타 차 선두를 달리던 유소연이 14번홀(파3)에서 티샷을 그린에 올리고도 퍼트를 4차례나 했다. 특히 1.5m가 안 돼 보이는 보기 퍼트가 홀 가장자리에 걸치는 듯싶더니 튕겨 나가버렸다. 여기에서 더블보기를 한 유소연은 결국 역전패를 당하고 말았다."

그림 1을 보면 수준별 골퍼들의 거리에 따른 한 번의 퍼팅으로 골프볼이 홀인하는 퍼센티지(%)를 보여준다.

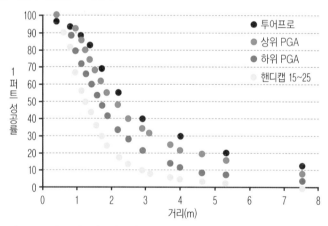

그림 1. 수준별 골퍼들의 1퍼트 성공률

투어프로들, 상위 및 하위급 PGA 골퍼들, 그리고 핸디캡이 15에서 25 사이인 골퍼들의 2058번의 퍼팅자료를 근거로, 홀에서부터 거리에 따른 한 번의 퍼팅으로 골프볼이 홀인하는 퍼센티지(%)를 보여준다.

골퍼를 웃기고 울리는 퍼팅의 과학은 무엇일까. 볼의 크기는 '지름 42.67mm 이상, 무게 45.93g 이하'이고, 홀은 '지름 108mm, 깊이 101.6mm 이상'으로 정해져 있다. 약 46g의 골프볼이 홀에 들어가는 것은 '중력의 법칙' 때문이다. 하지만 그림 2와 같이 볼이 홀에 다다랐을 때의 스피드가 1.6m/s(1초에 1.6m를 간다는 뜻) 이상일 경우에는 볼이 홀중앙으로 향하고 있더라도 홀을 지나가버리게 된다. 왜냐하면 볼이 전진하는 힘과 톱스핀에 의한 힘이 볼에 작용하는 중력보다 더 크기 때문이다. 이는 PGA투어가 열리는 코스조건에서 다양한 시뮬레이션을 통해 나온 수치이다.

PGA투어 강사 경험을 지닌 심리학자 조셉 패런트(미국)는 "확실한 성공의 이미지를 갖고 자신 있게 퍼팅을 해야 한다."는 조언을 한다. 오르막 경사일 때는 볼이 홀뒷벽을 맞고 들어가는 이미지를, 평지에서는 볼이 홀중앙으로 빨려 들어가는 이미지를, 가장 까다로운 내리막 경사에서는 볼이 홀에 살짝 걸쳤다가 들어가는 이미지를 마음속에 그리라는 것이다.

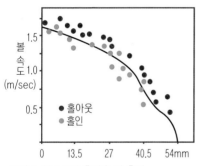

그림 2. 볼속도와 홀아웃 및 홀인

볼이 자신이 그린 퍼팅라인을 따라 홀로 빨려 들어간다는 이미지를 갖고 스트로크에만 집중할 때 성공 가능성이 크고 실수가 줄어든다는 이야기이다.

이상의 내용은 민학수 기자의 퍼팅 관련 기사를 인용하였고, 여기에 그림을 추가한 것이다.

가로축의 숫자는 지름 108mm인 홀의 중심과 볼의 중심 간의 거리이다. 0mm는 볼의 중심이 홀중앙을 향해 굴러가는 것이고, 27mm는 볼의 중심이 홀의 중심에서 가로로 27mm 벗어나 굴러간다는 뜻이다. 볼이 홀 중앙을 향해 굴러갈 때 볼속도가 1.6m/sec 정도가 되면 볼은 홀아웃될 가능성이 매우 높다. 또한 홀 중앙에서 옆으로 13.5, 27, 40.5mm 벗어날수록 볼의 속도가 작은 경우에서도 볼은 홀을 벗어난다. 곡선(solid line)은 이론값이고, 붉은 점과 청색 점은 실험값이다.

퍼팅에 관한 명언을 보면 그 어려움을 느낄 수 있다.

6일간 하루 10분씩 퍼팅연습을 하는 쪽이, 1주일에 한꺼번에 60분 하는 쪽보다 퍼팅실력이 보다 빠르게 향상된다.

- 레스리 숀, 프로골퍼 -

어떠한 명인도 10m 퍼트를 반드시 넣는 방법을 알지 못한다.

- 버너스 다윈. 프로골퍼 -

쇼트 퍼트라는 것은 롱 퍼트와 마찬가지로 아주 쉽게 실패하는 것이다.

- 톰 모리스, 프로골퍼 -

1미터의 퍼트는 실수하기에 충분한 거리이고, 실수하면 불명예스러운 짧은 거리이기도 하다.

- 필립 크리프, 프로골퍼 -

퍼팅의 실력은 1타에 넣는 것으로가 아니라, 10타를 쳐서 몇 개를 넣느냐는 퍼센티지 (%)로 따진다.

- 월터 헤겐, 프로골퍼 -

퍼트도 1타, 드라이버 샷도 1타다. 1타에 우는 자는 실로 강한 자다.

- 빌리 캐스퍼, 프로골퍼 -

골프라는 불가사의한 게임 중에 가장 불가사의한 게임은 퍼팅이다.

- 보비 존스, 프로골퍼 -

퍼팅에는 메서드(法)도, 스타일(품위)도 없다.

- 스코틀랜드 속담 -

귀로 퍼트하라(Putt with your ears).

- 잭 화이턴, 프로골퍼 -

일은 안 하고 골프만 했느냐는 소리 들을까 봐 살살했더니 완벽한 드라이버 샷에, 퍼팅은 건드리는대로 컵에 꽂히더라는 것이다.

- 마음을 비워라 -

컵에 도달하지 않는 볼은(퍼팅) 100년 지나도 안 들어간다.

- 톰 모리스, 프로골퍼 -

홀컵은 항상 생각하는 것보다 멀다. 어프로치라면 1 야드, 퍼트라면 1 피트만큼 멀리 있다는 것을 잊지 마라.

- 찰스 베일리, 프로골퍼 -

드라이버는 기술(Art), 아이언은 과학(Science), 퍼팅은 영감 (Inspiration) 이라고 한다. 항상 이것을 생각하며 샷에 임하자. 그러면 당신의 실수는 현재보다 반감될 것이며, 골프가 더욱더 즐거워질 것이다.

- 기술과 과학과 영감 -

퍼팅에 관한 조언

여기에서는 퍼팅에 관한 일반론은 제외하고 3가지 퍼팅기법을 살펴보기로 합니다. 골프볼이 그린에서 10m 이상 떨어져 있을 때, 10m 이하 3m 이상 떨어져 있을 때, 3m 이하에 있을 때를 생각해봅시다. 이때 볼은 관성모멘트가 크고 편심이 없다는 것을 가정합니다.

일반적으로 퍼터의 로프트각은 3~6도이고, 퍼터로는 늘 볼높이의 중앙을 타격해야 된다고 설명합니다. 그러나 거리에 따라 퍼터의 헤드면으로 볼의 중앙 아래, 중앙 및 중앙 위를 타격하면 더 효과적일 때도 있습니다.

거리에 따라 볼의 타격위치를 다르게 하자.

▼ 퍼팅할 거리가 10m 이상일 때 퍼터로 볼의 중앙 아랫부분을 타격하면 볼은 약간 떠서 가다가 지면에 떨어져 톱스핀을 하면서 앞으로 굴러갑니다. 이것은 볼을 멀리 보낼 때 유리합니다.

▼ 퍼팅할 거리가 10m 이하 3m 이상이라면 볼의 중앙을 타격하는 것이 좋습니다. 이때 볼은 약 30cm 미끄러져 가다가 톱스핀을 하면서 홀쪽으로 굴러갑니다.

▼ 퍼팅할 거리가 3m보다 더 짧을 때에는 퍼터로 볼의 중앙위 약 0.5cm를 타격해야 볼이 미끄러지지 않고 바로 톱스핀을 하면서 앞으로 굴러갑니다.

사실 골프볼의 딤플은 비거리를 증가시키는 데는 아주 유용하지만, 그린에서는 딤플이 없는 볼이 더 효과적입니다. 이 딤플과 그린의 풀이 이리저리로 마찰하기 때문에 볼의 방향이 달라지기도 합니다. 이 때문에 볼이 톱스핀을 하지 않으면서 앞으로 미끄러질 때 볼의 방향이 달라질 수 있습니다.

따라서 근거리에서는 볼이 그린에서 미끄러지지 않게 하면서 앞으로 굴러가게 하면 볼무게에 의해 풀을 가볍게 누르면서 가기 때문에 비교적 똑바로 갈 수 있습니다. 박인비 선수가 근거리에서는 볼의 중앙 위를 타격하는 것을 TV에서 볼 수 있습니다.

편심이 적은 좋은 볼 고르기

약 20도 경사진 면에서 볼을 여러 번 굴려 마지막 단에서 볼이 옆으로 굴러가면 볼중심의 치우침이 심한 볼입니다. 또는 평평한 면에 볼을 여러 번 떨어뜨려 볼이 튀어오르면서 자꾸 옆으로 이동해가면 역시 볼중심의 치우침이 심한 볼로 볼 수 있습니다.

퍼팅할 때는 볼의 로고가 길게 있는 방향이 홀 방향으로 향하도록 놓고 타격합시다.

2011 동해오픈 참가
KPGA 투어 선수 118명과
PGA 투어 선수 185명의
드라이버 능력

STEP 6

2011 동해오픈 참가 KPGA 투어 선수 118명과
PGA 투어 선수 185명의 드라이버 능력

아마추어는 감으로, 프로는 통계로 일한다.—약 7,000개의 자료

2011년 동해오픈이 9월 29일부터 10월 2일까지 나흘간 인천 잭 니클라우스 골프클럽에서 개최되었습니다. 이때 1번 홀과 10번 홀에 골프볼레이더인 트랙맨을 각각 3대씩 총 6대를 설치하여 모든 각 선수의 드라이버 타격을 중심으로 1~2라운드에는 평균 118명, 3~4라운드에는 평균 61명, 연인원 358명이 만들어 낸 20개씩의 중요 데이타 7,000여종을 분석 · 정리하였습니다.

여기에 실린 자료는 트랙맨 한국 지사와 덴마크 본사의 협조를 얻어 필자가 자세히 분석한 것입니다. 여기에서 온도, 바람 등의 조건은 기상청자료를 사용하였습니다.

표 6-1.
2011년 동해오픈 참가 KPGA 투어 선수 118명과 상위 5명 선수의 드라이버 능력

항목	평균(KPGA)	
	118명의 선수	상위 5명의 선수
헤드속도(mph)	108.8	112.6
볼속도(mph)	160.8	166.6
스매시계수	1.478	1.479
런치각(도)	10.5	9.8
스핀값(rpm)	2,650	2,630
볼높이(야드)	27.9	28.4
사이드편차(야드)	4.6(왼쪽)	5.3(왼쪽)
비거리(야드)	255.9	262.4
평균 118명 : 1~2 라운드 평균 118명 : 각각 4회 측정 평균 61명 : 1~4 라운드 평균 61명 : 각각 8회 측정		평균 61명 : 각각 8회 측정

스매시계수 = 볼 속도/헤드속도

KPGA 투어 선수 118명의 자료를 전산화하여 이용하자!

표 6-1은 2011년 동해오픈 참가 KPGA 투어 선수 118명과 상위선수 5명의 드라이버 능력을 비교한 것입니다.

한편 KPGA 투어 선수 118명과 PGA 투어 선수 185명에 대해 헤드속도, 볼속도, 스매시계수, 볼의 런치각, 볼스핀값, 볼높이, 볼의 사이드편차, 비거리 등 8개 항목의 그림과 표로 나타냈습니다(그림 6-1~그림 6-33).

지금까지 이러한 자료들이 정리된 적이 없었습니다. 앞으로는 이러한 자료를 체계적으로 데이터베이스화하여 모든 선수들이 이 정보를 통해 과학적인 훈련을 할 수 있도록 하면 유익할 것입니다.

* 더 읽어보면 좋은 것…

본 자료는 드라이버 능력에만 국한되어 있지만, 장기적으로 우드와 아이언에 대한 자료들도 축적해 데이터베이스화한다면 선수나 지도자들에게도 많은 도움이 될 것입니다.

경험과 추측에서 벗어나 좀 더 과학적으로 접근하여 모든 정보를 수치화하면 프로나 아마추어 모두 실력향상에 이바지할 수 있을 것입니다. 그렇게 되면 구체적으로 각자가 통계적으로 무엇이 잘되고 잘못되는지를 수치상으로 알기 때문에 교정이나 기술향상에 많은 도움이 될 것입니다.

2011년 동해오픈 참가 KPGA 투어 선수 118명의 드라이버 헤드
속도의 평균은 108.8mph이다.

2011년 동해오픈에 참가한 KPGA 투어 선수 118명은 2일간, 61명
은 4일간 측정한 드라이버 헤드속도는 평균 108.8mph입니다. 속도
가 115mph 되는 선수는 7~8명에 불과합니다.

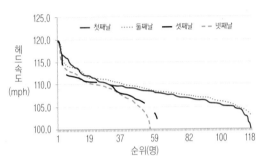

그림 6-1. 2011년 동해오픈 참가 KPGA 투어 선수 118명은 2일간, 61명은 4일간 측
정한 드라이버의 헤드속도(평균 108.8mph)와 순위

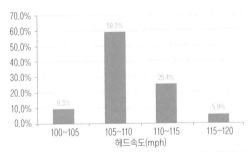

그림 6-2. 2011년 동해오픈 참가 KPGA 투어 선수 118명은 2일간, 61명은 4일간 측
정한 드라이버의 헤드속도 분포

헤드속도가 105~110mph인 선수가 59.3%로 가장 많다.

토픽 1

헤드속도 ●●●○○

PGA 투어 선수 185명의 드라이버 헤드속도의 평균은 112.7mph 이다.

2011년 1년간 PGA 투어 선수 185명의 드라이버 헤드속도의 평균 (112.7mph), 순위 및 분포는 다음과 같습니다.

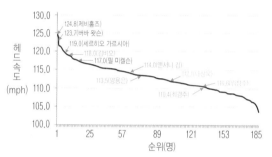

그림 6-3. 2011년 1년간 PGA 투어 선수 185명의 드라이버의 헤드속도(평균 112.7 mph)와 순위

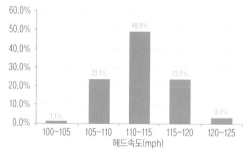

그림 6-4. 2011년 1년간 PGA 투어 선수 185명의 드라이버의 헤드속도 분포

110~115mph의 속도인 선수가 48.9%로 가장 많다.

2011년 동해오픈 참가 KPGA 투어 선수 118명의 드라이버 볼속
도는 평균 160.8mph이다.

2011년 동해오픈 참가 KPGA 투어 선수 118명은 2일간, 61명은 4
일간 측정한 드라이버의 볼속도는 평균 160.8mph이고, 볼속도가
170mph 되는 선수는 7~8명입니다. 볼속도의 최대치와 최소치는
약 30mph의 차이가 있습니다.

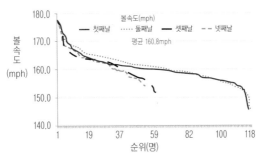

그림 6-5. 2011년 동해오픈 참가 KPGA 투어 선수 118명은 2일간, 61명은 4일간 측
정한 드라이버의 볼속도(평균 160.8mph)와 순위

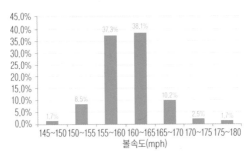

그림 6-6. 2011년 동해오픈 참가 KPGA 투어 선수 118명은 2일간, 61명은 4일간 측
정한 드라이버의 볼속도 분포

155~165mph의 속도인 선수가 75.4%로 가장 많다.

198

PGA 투어 선수 185명의 드라이버 볼속도는 평균 166.7mph이다.

2011년 1년간 PGA 투어 선수 185명의 드라이버 볼속도의 평균 (166.7mph), 순위 및 분포는 다음과 같습니다.

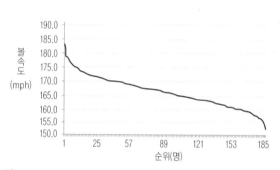

그림 6-7. 2011년 1년간 PGA 투어 선수 185명의 드라이버의 볼속도(평균 166.7mph) 와 순위

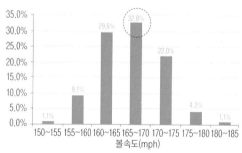

그림 6-8. 2011년 1년간 PGA 투어 선수 185명의 드라이버의 볼속도 분포

165~170mph의 볼속도인 선수가 32.8%로 가장 많다.

2011년 동해오픈 참가 KPGA 투어 선수 118명의 드라이버 스매시계수는 평균 1.478이다.

2011년 동해오픈 참가 KPGA 투어 선수 118명은 2일간, 61명은 4일간 측정한 드라이버 스매시계수의 평균 1.478이고, 약 67.8%가 1.480 이상으로 비교적 좋은 값으로 나타났습니다. 1.450도 10.2%나 됩니다. 스매시계수는 볼이 헤드면과 충돌할 때 볼이 헤드면의 스위트스폿에 얼마나 정확하게 충돌하느냐의 척도인데, 이 값이 클수록 좋습니다. 이 스매시계수값은 클럽의 번호가 커질수록 작아져서 10번 아이언은 약 1.00이 됩니다.

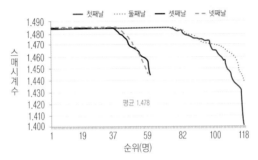

**그림 6-9. 2011년 동해오픈 참가 KPGA의 투어 선수 118명은 2일간, 61명은 4일간
측정한 드라이버의 스매시계수(평균 1.478)와 순위**

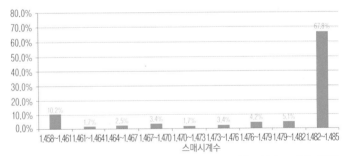

**그림 6-10. 2011년 동해오픈 참가 KPGA의 투어 선수 118명은 2일간, 61명은 4일간
측정한 드라이버의 스매시계수 분포**

선수들의 약 67.8%가 1.482 이상으로 비교적 좋은 값이 나왔다.

토픽 3

스매시계수 ●●●○○

PGA 투어 선수 185명의 스매시계수는 평균 1.478이다.

▼ 스매시계수는 볼속도를 헤드속도로 나눈 값이다.

　2011년 1년간 PGA 투어 선수 185명의 드라이버 스매시계수의 평균(1.478), 순위 및 분포는 다음과 같습니다.

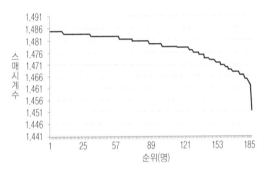

그림 6-11. 2011년 1년간 PGA 투어 선수 185명의 드라이버의 스매시계수(평균 1.478)와 순위

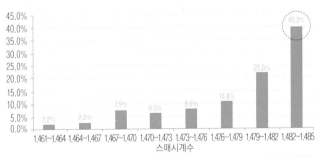

그림 6-12. 2011년 1년간 PGA 투어 선수 185명의 드라이버의 스매시계수 분포

선수들의 약 40.3%가 1.482 이상으로 비교적 좋은 값이다.

201

2011년 동해오픈 참가 KPGA 투어 선수 118명의 드라이버 런치 각는 평균 10.4도이다.

2011년 동해오픈 참가 KPGA 투어 선수 118명은 2일간, 61명은 4일간 측정한 드라이버 런치각입니다. 런치각은 볼의 비거리를 내는 데 아주 중요한 역할을 합니다. 이들의 평균적인 런치각은 10.4도로 합리적인 각이고, 약 50% 선수의 런치각은 10~13도입니다. 런치각의 최대치와 최소치는 약 15도의 차이가 있습니다.

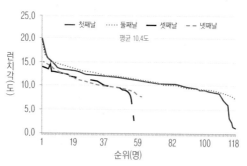

그림 6-13. 2011년 동해오픈 참가 KPGA 투어 선수 118명은 2일간, 61명은 4일간 측정한 드라이버의 런치각(평균 10.4도)과 순위

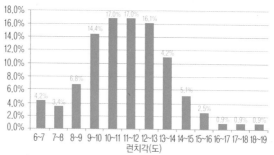

그림 6-14. 2011년 동해오픈 참가 KPGA 투어 선수 118명은 2일간, 61명은 4일간 측정한 드라이버의 런치각 분포

약 50% 선수의 런치각은 10~13도이다.

PGA 투어 선수 185명의 드라이버 런치각은 평균 10.8도이다.

2011년 1년간 PGA 투어 선수 185명의 드라이버 런치각의 평균 (10.8도), 순위 및 분포는 다음과 같습니다.

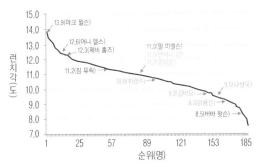

그림 6-15. 2011년 1년간 PGA 투어 선수 185명의 드라이버의 런치각(평균 10.8도) 과 순위

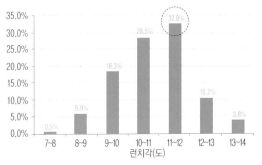

그림 6-16. 2011년 1년간 PGA 투어 선수 185명의 드라이버의 런치각 분포

11~12도의 런치각을 가진 선수가 32.8%로 가장 많다.

2011 동해오픈 참가 KPGA 투어 선수 118명과
PGA 투어 선수 185명의 드라이버 능력

2011년 동해오픈 참가 KPGA 투어 선수 118명의 드라이버 스핀
값은 평균 2,650rpm이다.

2011년 동해오픈 참가 KPGA 투어 선수 118명은 2일간, 61명
은 4일간 측정한 드라이버 스핀값의 평균입니다. 볼의 스핀 역
시 비거리를 내는 데 중요한 역할을 합니다. 평균적인 볼의 스
핀값은 2,650rpm으로 합리적인 각이고, 약 44.9% 선수의 스핀
값은 2,200~2,800rpm입니다. 스핀값의 최대치와 최소치는 약
3,000rpm의 차이가 있습니다.

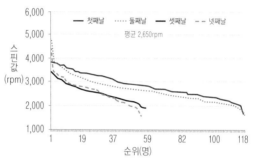

그림 6-17. 2011년 동해오픈 참가 KPGA 투어 선수 118명은 2일간, 61명은 4일간 측
정한 드라이버의 스핀값(평균 2,650rpm)과 순위

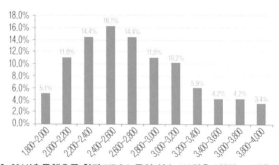

그림 6-18. 2011년 동해오픈 참가 KPGA 투어 선수 118명은 2일간, 61명은 4일간 측
정한 드라이버의 스핀값 분포

약 44.9% 선수의 스핀값은 2,200~2,800rpm이다.

PGA 투어 선수의 185명의 드라이버 스핀값은 평균 2,695 rpm이다.

2011년 1년간 PGA 투어 선수 185명의 드라이버 스핀값의 평균 (2,650 rpm), 순위 및 분포는 다음과 같습니다.

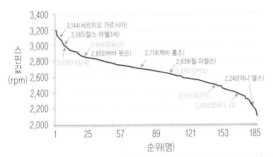

그림 6-19. 2011년 1년간 PGA 투어 선수 185명의 드라이버 스핀값(평균 2,695rpm) 과 순위

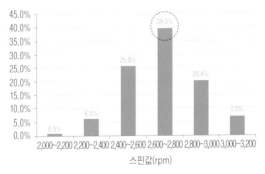

그림 6-20. 2011년 1년간 PGA 투어 선수 185명의 드라이버의 스핀값 분포

2,600~2,800rpm의 스핀값을 가진 선수가 39.3%로 가장 많다.

2011 동해오픈 참가 KPGA 투어 선수 118명과
PGA 투어 선수 185명의 드라이버 능력

2011년 동해오픈 참가 KPGA 투어 선수 188명의 드라이버 볼 높이는 평균 27.9야드이다.

2011년 동해오픈 참가 KPGA 투어 선수 118명은 2일간, 61명은 4일간 측정한 드라이버 볼높이의 평균은 27.90야드입니다. 볼높이는 런치각과 스핀의 영향으로 볼의 비거리를 내는 데 역시 중요한 역할을 합니다. 평균적인 볼높이는 27.90야드로 합리적인 높이이고, 약 39.8% 선수의 볼높이는 25~33야드입니다. 볼높이의 최대치와 최소치는 약 30야드의 차이가 있습니다.

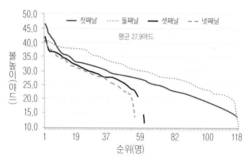

그림 6-21. 2011년 동해오픈 참가 KPGA 투어 선수 118명은 2일간, 61명은 4일간 측정한 드라이버의 볼높이(평균 27.9야드)와 순위

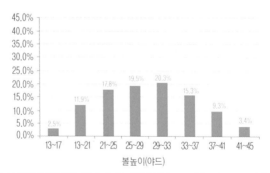

그림 6-22. 2011년 동해오픈 참가 KPGA 투어 선수 118명은 2일간, 61명은 2일간 측정한 드라이버의 볼높이 분포

약 39.8% 선수의 볼높이는 25~33야드이다.

토픽 6

볼높이 ●●●○

PGA 투어 선수 185명의 드라이버 볼높이는 평균 31.4야드이다.

　　2011년 1년간 PGA 투어 선수 185명의 드라이버 볼높이의 평균
(31.4야드), 순위 및 분포는 다음과 같습니다.

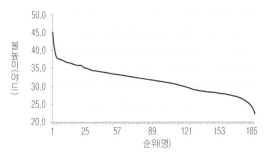

그림 6-23. 2011년 1년간 PGA 투어 선수 185명의 드라이버 볼높이(평균 31.4야드)
　　　　와 순위

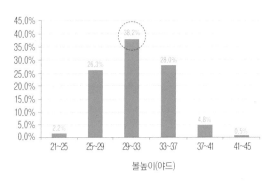

그림 6-24. 2011년 1년간 PGA 투어 선수 185명의 드라이버의 볼높이 분포

29~33야드의 볼높이인 선수가 38.2%로 가장 많다.

2011년 동해오픈 참가 KPGA 투어 선수 118명의 드라이버 사이드편차는 평균 왼쪽으로 4.6야드이다.

2011년 동해오픈 참가 KPGA 투어 선수 118명은 2일간, 61명은 4일간 측정한 드라이버에 의한 골프볼 사이드편차의 평균은 왼쪽으로 4.6야드입니다. 평균적인 볼의 사이드편차는 왼쪽으로 4.6야드로 매우 우수한 편입니다. 대부분 선수의 사이드편차는 10야드 이내가 약 51.7%를 차지하였습니다. 사이드편차의 최대치와 최소치는 약 40야드의 차이가 있습니다.

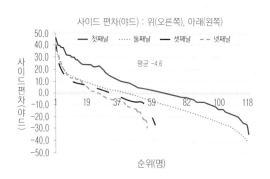

그림 6-25. 2011년 동해오픈 참가 KPGA 투어 선수 118명은 2일간, 61명은 4일간 측정한 드라이버의 사이드편차(평균 왼쪽으로 4.6야드)

2011년 동해오픈 참가 KPGA 투어 선수 118명의 드라이버 사이드
편차는 평균 왼쪽으로 4.6야드이고, 볼높이는 29~33야드이다.

2011년 동해오픈 참가 KPGA 투어 선수 118명은 2일간, 61명은 4
일간 측정한 드라이버의 사이드편차입니다. 평균적인 볼의 사이드
편차는 왼쪽으로 4.6야드로 매우 우수한 편입니다. 대부분 선수의
사이드편차는 10야드 이내로, 약 51.7%를 자치하였습니다. 사이드
편차의 최대치와 최소치는 약 40야드의 차이가 있습니다.

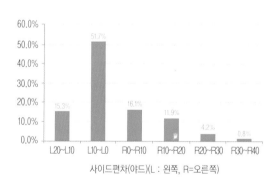

사이드편차(야드)(L : 왼쪽, R=오른쪽)

**그림 6-26. 2011년 동해오픈 참가 KPGA 투어 선수 118명은 2일간, 61명은 4일간 측
정한 드라이버의 사이드편차 분포**

약 51.7% 선수의 사이드편차는 10야드 이내이다.

2011 동해오픈 참가 KPGA 투어 선수 118명과
PGA 투어 선수 185명의 드라이버 능력

2011년 동해오픈 참가 KPGA 투어 선수 118명의 드라이버 비거리는 평균 255.9야드이다.

2011년 동해오픈 참가 KPGA 투어 선수 118명은 2일간, 61명은 4일간 측정한 드라이버의 비거리 자료입니다. 평균비거리는 255.9야드입니다. 약 47.4% 선수의 비거리는 250~270야드이고, 비거리의 최대치와 최소치는 약 100야드입니다.

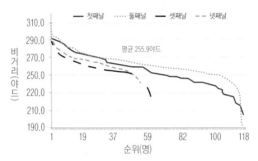

그림 6-27. 2011년 동해오픈 참가 KPGA 투어 선수 118명은 2일간, 61명은 4일간 측정한 드라이버의 비거리(평균 255.9야드)와 순위

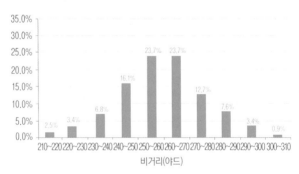

그림 6-28. 2011년 동해오픈 참가 KPGA 투어 선수 118명은 2일간, 61명은 4일간 측정한 드라이버의 비거리 분포

약 47.4% 선수의 비거리는 250~270야드이다.

210

비거리 ●●●●

PGA 투어 선수 185명의 드라이버 비거리는 평균 270.9야드이다.

2011년 1년간 PGA 투어 선수 185명의 드라이버 비거리의 평균 (270.9야드), 순위 및 분포는 다음과 같습니다.

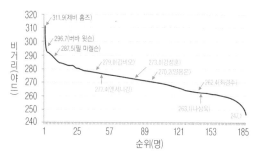

그림 6-29. 2011년 1년간 PGA 투어 선수 185명의 드라이버의 비거리(평균 270.9야 드)와 순위

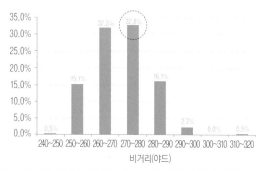

그림 6-30. 2011년 1년간 PGA 투어 선수 185명의 드라이버 비거리 분포

270~280야드의 비거리를 가진 선수가 32.8%로 가장 많다.

2011 동해오픈 참가 KPGA 투어 선수 118명과
PGA 투어 선수 185명의 드라이버 능력

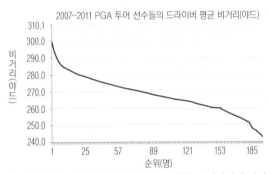

그림 6-31. PGA 투어 선수들의 2007~2011년 5년간 드라이버의 비거리(평균 268.2 야드)와 순위

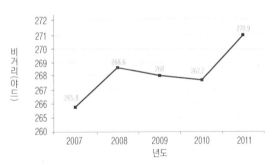

그림 6-32. PGA 투어 선수들의 2007~2011년 5년간 드라이버의 비거리 변화

212

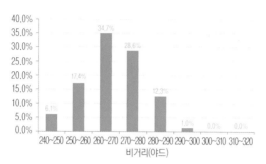

그림 6-33. PGA 투어 선수들의 2007~2011년 5년간 드라이버의 비거리 분포

260~270야드의 비거리인 선수가 34.7%로 가장 많다.

표 6-2.
2011 동해오픈 참가 KPGA 투어 선수들과 2011 PGA 투어 선수들의 드라이버 능력

항목	2011년		PGA 투어 선수 185명 평균
	동해오픈(KPGA) 118명 평균	동해오픈(KPGA) 상위 5명 평균	
헤드속도(mph)	108.8	112.6	112.7
볼 속도(mph)	160.8	166.6	166.7
스매시계수	1.478	1.479	1.478
런치각(도)	10.4	9.8	10.8
스핀값(rpm)	2,650	2,630	2,694
볼높이(야드)	27.9	28.4	31.4
비거리(야드)	255.9	262.4	270.9
	앞바람 영향으로 비거리 6~8야드 감소		
한 라운드에 2회 측정	1~2라운드 평균 : 118명 3~4라운드 평균 : 61명	상위 5명 1, 2, 3, 4라운드	2011년 1년간 자료

동해오픈에서는 앞바람이 4일 평균 8.5mph로 불었고, 평균온도는 15℃였다.

사진에서 샤프트가
휘어보이는 이유

STEP 7

그림 7-1. 타이거 우즈와 양용은 선수가 볼을 타격하기 직전에 나타난 사진과 같이 샤프트 휘어짐은 사실일까요?

아니다. 이것은 사진촬영상의 왜곡(distortion)현상일 뿐이다. 양용은 선수의 사진은 국내 모 교수가 초당 60장을 촬영할 수 있는 카시오 EX–F1 카메라로 촬영한 것이다.

① 잘못된 영상(illusion)을 믿다!-오래전에 알려진 물리현상!

왜곡된 샤프트의 사진

많은 선수나 지도자들은 골퍼가 골프볼을 타격하는 순간의 모습을 보려고 다양한 사진기법으로 촬영하고 있습니다.

필자는 어떤 골프 관련 세미나에서 모 발표자가 그림 7-1과 같은 사진을 놓고 설명하는 것을 본 적이 있습니다. 그는 이 사진을 직접 촬영한 것이라고 하면서 사진과 같이 샤프트가 휘어지는 것을 여러 골프 관계자가 믿기를 바라는 것 같았습니다.

---

* 더 읽어보면 좋은 것…

이 사진은 초점면왜곡(focal plane distortion)으로 인해 나타나는 현상일 뿐, 실제로는 그렇게 심하게 샤프트 휘어짐은 일어나지는 않습니다.

물론 골퍼가 골프볼을 타격하는 순간 클럽샤프트는 실제로 1.0~2.0도 휘는(forward bending) 현상을 보입니다. 이것은 골퍼가 샤프트를 가속하는 과정에서 일어나는 현상입니다. 이런 왜곡현상은 이미 오래전부터 일부 과학자나 사진전문가들 사이에서는 규명된 것입니다.

그림 7-2. 초첨면 왜곡현상

헬리콥터의 직선 날개(붉은 선)가 휘어진 것처럼 보인다. 이것 역시 움직이는 물체를 저속 카메라로 촬영할 때 발생하는 초점면 왜곡현상이다.

② 아날로그나 디지털 동영상카메라 모두에서 일어나는 현상—
  빛이 들어오는 시차 때문

초점면 왜곡현상은 그림 7-2와 같이 아날로그나 디지털 동영상카메라 모두에서 일어나는 공통된 현상입니다.

아날로그 카메라는 초점면에 있는 셔터의 노출부분이 아래에서 위로 움직이면서 정지된 피사체에서 반사된 빛이 노출부분으로 들어올 때 그 빛은 거의 일정하게 들어옵니다. 따라서 정지된 피사체의 영상에서는 왜곡현상이 일어나지 않습니다.

반면에 빠르게 움직이는 피사체를 촬영할 때에는 셔터의 노출부분이 아래에서 위로 움직일 때 노출부분이 아래에 있을 때와 위쪽에 있을 때의 시간차이 때문에 노출 위쪽에는 빛이 좀 늦게 들어오고, 그 시간 동안에 피사체는 이동하므로 초점왜곡현상이 생기게 됩니다.

＊ 더 읽어보면 좋은 것⋯

디지털 동영상카메라는 물론 아날로그나 카메라처럼 움직이는 부분은 없지만, 픽셀(빛에 반응하는 반도체 소자)을 가로로 한 줄(row)을 스캔(scan)한 다음 그다음 줄을 스캔하는 과정에서의 시차 때문에 역시 왜곡현상이 생기게 됩니다.

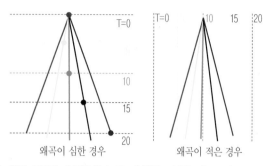

그림 7-3. 왼쪽 그림은 수평으로 놓고, 오른쪽 그림은 세로로 놓고 드라이버 샤프트처럼 움직이는 피사체를 동영상카메라로 촬영한 모습을 상상으로 그린 그림

여기에서 수평선과 세로선에 있는 숫자는 0, 5, 10, 15, 20msec 동안 막대기가 움직인 시간이다. 왼쪽 그림에서 작은 색상의 원점(dot)은 막대기가 초점면에 있는 경우이며, 왼쪽 그림에서는 막대가 사실과 다르게 심하게 휘어져 보인다(원점들을 연결한선분). 오른쪽 그림에서는 초록색 선(solid line)은 실질적인 점선(dotted line)에 매우 가깝다.

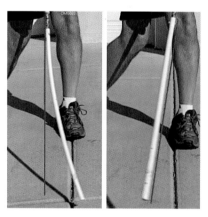

그림 7-4. Rick Malm이 알루미늄막대를 드라이버처럼 회전시키면서 카시오 EX-F1 카메라(초당 60장 촬영 가능)를 수평과 수직으로 놓고 촬영한 사진

오른쪽 사진은 붉은색 직선에 매우 가깝다는 것을 알 수 있다. 왼쪽 사진은 실제와 다르게 매우 휘어져 촬영되었다.

③ 이런 왜곡현상을 줄일 수는 없을까?—카메라를 90도 회전시켜 촬영하자!

해결책은 없을까요? 물론 고속카메라를 사용하면 되지만, 비용이 만만치 않게 들겁니다.

가장 간단한 방법은 카메라를 90도 회전시켜 촬영하는 것입니다. 그림 7-3부터 그림 7-5를 보면 그 이유를 알 수 있습니다. 왼쪽은 동영상카메라로 보통 방법으로 촬영한 것이고, 오른쪽은 카메라를 90도 회전시켜 셔터를 피사체와 평행하게, 혹은 디지털카메라는 픽셀 스캔을 세로로 촬영한 사진입니다. 완벽하지는 않지만, 직선에 아주 가깝게 찍히는 것을 볼수 있지요.

그림 7-5. Rick Malm이 드라이버를 회전시키면서 카시오 EX-F1 카메라를 수평과 수직으로 놓고 촬영한 사진

오른쪽 사진은 붉은색 직선에 매우 가깝다는 것을 알 수 있다. 왼쪽 사진은 실제와 다르게 매우 휘어져 촬영되었다. 동영상 카메라를 90도 회전시켜 촬영하면 실제와 매우 유사한 영상을 얻을 수 있다.

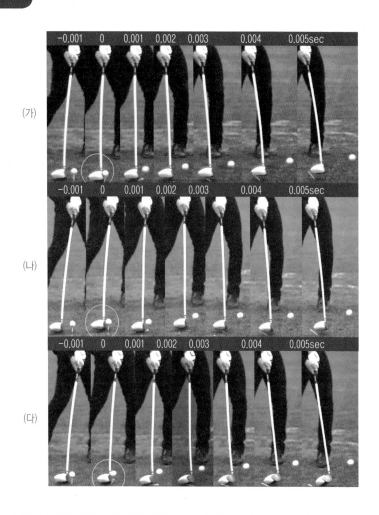

그림 7-6. (가) 진동수 225, (나) 진동수 245, (다) 진동수 265cpm으로 타격하는 순간
을 1/1,000초로 촬영한 사진

숫자들은 볼을 타격하기 0.001초 전부터 타격순간 0초, 타격한후 0.005
초 후까지를 편집하여 연속으로 보이도록 한 것이다.

토픽 2

고속카메라로 본 타격순간 ●●●●

 # 1/1,000초로 촬영한 타격순간의 샤프트를 보면!

이번에는 드라이버 헤드가 볼을 타격하는 순간 샤프트의 휘는 정도를 보기 위하여 1/1,000초까지 촬영할 수 있는 고속 카메라로 진동수가 다른 3종류의 샤프트를 사용하여 촬영했습니다(그림 7-6).

그림 7-6에서 위의 숫자들은 볼을 타격하기 0.001초 전부터 타격순간 0초, 타격한후 0.005초후까지를 연속으로 보이도록 했습니다. 볼을 타격하는 순간 샤프트는 약 1.5~1.6인치, 즉 1.0~2.0도 앞으로 휘어지게 됩니다.

3차원 골프볼 궤적프로그램
(KH-Golf-Trajectory)

STEP 8

가시에 찔리지 않고는
장미꽃을 모을 수 없다.

골프볼은 어떤 원리로 날아갈까?

"골프볼은 어떤 원리로 날아갈까요?"

"골프볼은 어떻게 해서 사람의 힘만으로 200~300야드를 날아갈까요?"

"이렇게 멀리 날아가는 볼이 또 있을까요?"

대학 강단에서 30여 년간 학생들에게 물리학을 가르쳐 온 필자로서도 도저히 이해가 되지 않았습니다. 궁금증은 호기심이 되고, 호기심은 점차 취미로 발전하여 제법 많은 경비를 들여가며 골프볼이 날아가는 궤적에 관한 연구로 1년 이상을 소모하였습니다. 그러던 중 지인의 도움으로 정부의 지원을 얻을 수 있었고, 그 후로 프로그램의 수정·보완에 또 1년이라는 시간을 보내고는 드디어 3년만에 세계 최고수준의 "3차원 골프볼 궤적프로그램(KH-Golf-Trajectory)"을 개발하기에 이르렀습니다.

최고수준의 3차원 골프볼 궤적프로그램

▼ 여러 자료를 보면 골프볼 풍동실험의 결과는 실제와 많이 다르다.

그런데 문제는 이 프로그램의 정확도였습니다. 나름대로는 무려 2,000여 개의 볼을 쳐서 자체적으로 정확도를 검증했지만, 그것만으로 정확도를 말하기에는 무리가 있었기 때문입니다. 그러던 중에 PGA와 LPGA 투어 선수들의 드라이버에서 아이언까지를 포함한 골프클럽에 대한 4년 평균자료를 입수하게 되었고, 또 미국골프협회(USGA)에서 볼의 성능을 실험할 때 사용하는 비거리 및 굴러간 거리를 포함하는 전체거리 조건을 알 수 있었습니다.

또한 PGA와 LPGA에서 공식 런치모니터(launch monitor)로 사용하는 트랙맨 자료와 해당 회사의 각종 자료를 얻어 정확성을 검증할 수 있었습니다. 골프볼 풍동실험에 대한 여러 결과도 있었지만, 실제와 많이 다르므로 실제적인 실험을 중심으로 검증할 수밖에 없었습니다. 왜냐하면 그만큼 골프볼의 비행 시뮬레이션이 어렵기 때문입니다.

과연 얼마나 정확할까?—98.4%의 정확성

"그럼 이 프로그램은 얼마나 정확할까요?"

테스트한 여러 자료를 살펴보면, 비거리 측면 또는 전체거리 측면에서 거의 98.4% 이상의 정확도를 보여주고 있습니다.

표 8-1.
PGA 트랙맨 자료(표 1-5 참조)와 필자가 개발한 3차원 골프볼 궤적프로그램(KH-Golf-Trajectory)과의 비거리 비교

	클럽과 볼의 초기값				비거리(야드)			
	헤드속도 (mph)	볼속도 (mph)	런치각 (deg)	스핀값 (rpm)	트랙맨이 측정한 비거리 A	KH로 계산한 비거리 B	비거리차이 C=A-B 절댓값	% C/A
W1	112	165	11.2	2,685	269	274	5	1.9
W3	107	158	9.2	3,655	243	250	7	2.9
W5	103	152	9.4	4,350	230	235	5	2.2
Hb	100	146	10.2	4,437	225	223	2	0.9
3I	98	142	10.4	4,630	212	213	1	0.5
4I	96	137	11	4,836	203	206	3	1.5
5I	94	132	12.1	5,361	194	192	2	1
6I	92	127	14.1	6,231	183	178	5	2.7
7I	90	120	16.3	7,097	172	163	9	5.2
8I	87	115	18.1	7,998	160	154	6	3.8
9I	85	109	20.4	8,647	148	143	5	3.4
PW	83	102	24.2	9,304	136	129	7	5.1
트랙맨과 KH의 절댓값 차이와 절댓값 평균							4.75	2.59
기후, 고도, 사이드스핀, 볼종류 등은 고려할 수 없었고, 20℃/백스핀만으로 평가								

Hb: 하이브리드 클럽(Hybrid Club)

① PGA와 LPGA의 4년 평균자료와 98%의 정확성

사실 국내에서 개발된 3차원 골프볼 궤적프로그램(KH-Golf-Tra-jectory)의 정확도는 골프볼이 날아가 지면에 떨어질 때의 거리인 비거리와 굴러간 거리를 포함하는 전체거리로만 검증할 수밖에 없었습니다.

트랙맨이라는 회사에서는 2009년에 지난 4년간의 평균값으로 PGA와 LPGA 투어 선수들의 12여 개 클럽에 대한 헤드속도, 어택각, 볼속도, 스매시계수(볼속도를 헤드속도로 나눈 값), 런치각, 스핀값, 볼높이, 볼의 착지각 및 비거리를 표 8-1과 표 8-2와 같이 발표하였습니다.

② PGA와는 2.6%, LPGA와는 1.7%의 비거리차이

물론 자료 중에 스핀값은 백스핀만을 의미하지 않고, 백스핀과 사이드스핀이 합성된 것으로 측정되었을 것입니다. 또한 표 8-1과 표 8-2에 언급된 것처럼 온도, 고도, 바람의 방향 및 속도 등은 일일이 고려할 수 없었을 겁니다.

표 8-1과 표 8-2는 볼속도, 런치각 및 스핀값만을 고려해서 PGA와 LPGA 투어 선수들의 각 클럽에 대한 비거리를 3차원 골프볼 궤적프로그램(KH-Golf-Trajectory)으로 계산한 것과 비교한 결과이다. 이 자료를

표 8-2.
LPGA 트랙맨 자료(표 1-6 참조)와 3차원 골프볼 궤적프로그램(KH-Golf-Trajectory)
과의 비거리 비교

	클럽과 볼의 초깃값				비거리(야드)			
	헤드속도 (mph)	볼속도 (mph)	런치각 (deg)	스핀값 (rpm)	트랙맨이 측정한 비거리 A	KH로 계산한 비거리 B	비거리차이 C=A-B 절댓값	% C/A
W1	94	139	14	2,628	220	225	5	2.3
W3	90	132	11.2	2,704	195	202	7	3.6
W5	88	128	12.1	4,501	185	191	6	3.2
3I	85	123	12.7	4,693	174	180	6	3.4
4I	80	116	14.3	4,801	169	167	2	1.1
5I	79	112	14.8	5,081	161	159	2	1.2
6I	78	109	17.1	5,943	152	150	2	1.3
7I	76	104	19	6,699	141	138	3	2.1
8I	74	100	20.8	7,494	130	131	1	0.8
9I	72	93	23.9	7,589	119	119	0	0
PW	70	86	25.6	8,403	107	107	0	0
트랙맨과 KH의 절댓값 차이와 절댓값 평균							3.09	1.73
기후, 고도, 사이드스핀, 볼종류 등을 고려할 수 없었고, 20℃/백스핀만으로 평가								

보면 PGA와는 약 2.6%, LPGA와는 약 1.7%의 차이만 있습니다. PGA와 LPGA 자료의 기후 및 고도 등을 고려하지 않은 상태에서 이 정도의 차이는 매우 작다고 할 수 있겠지요.

③ PGA와 LPGA 투어 선수들의 4년간 클럽별 평균비거리 비교

3차원 골프볼 궤적프로그램(KH-Golf-Trajectory)의 검증항목에서는 트랙맨에서 제시한 PGA와 LPGA 투어 선수들의 4년간 클럽별 평균비거리 비교가 가장 쉽고 바로 검증할 수 있는 사항입니다. 물론 기후조건이나 고도, 사이드스핀 성분도 알 수 없어 모두 백스핀으로 간주하여 계산했고, 온도는 20℃에서 계산했습니다.

표 8-3.
트랙맨에서는 수년간 자료를 분석하고 실험을 통해 드라이버의 헤드속도가 75mph
에서부터 120mph까지 어택각을 -5도, 0도 및 +5도로 변경할 때 제시한 비거리와
3차원 골프볼 궤적프로그램(KH-Golf-Trajectory)과의 비거리 비교

클럽 속도 (mph)	어택각 (deg)	볼속도 (mph)	런치각 (deg)	스핀값 (rpm)	비거리(야드)			
					트랙맨이 제시한 비거리 A	KH로 계산한 비거리 B	차이 (절댓값) C=A-B	% C/A
	-5	104	14.6	3,270	143	144	1	0.7
75	0	107	16.3	3,120	154	155	1	0.6
	5	108	19.2	2,720	164	162	2	1.2
	-5	129	11.1	3,690	191	195	4	2.1
90	0	131	13.4	3,090	203	207	4	2
	5	132	16.4	2,630	214	213	1	0.5
	-5	152	8.7	3,680	237	238	1	0.4
105	0	154	11.2	3,040	251	253	2	0.8
	5	155	14.5	2,560	263	259	4	1.7
	-5	176	6.1	3,430	281	279	2	0.7
120	0	178	9.3	2,890	296	295	1	0.3
	5	179	12.6	2,340	310	303	7	2.3
트랙맨과 KH의 절댓값 차이와 절댓값 평균값으로 20℃에서 계산했다. 트랙맨 자료에서는 온도를 알 수 없다.							2.5	1.1

 # 트랙맨이 제시한 드라이버 비거리의 기준과는 1.1%의 차이

트랙맨에서는 수년간 자료를 분석하고 실험을 통해 드라이버의 헤드속도가 75mph에서부터 120mph까지 어택각을 -5도, 0도 및 +5도로 변경할 때 그 비거리를 표 8-3과 같이 되어야 한다고 제시하고 있습니다. 이 자료와 3차원 골프볼 궤적프로그램과 비교한 결과에서도 그 차이는 불과 1.1%로 매우 잘 일치하고 있습니다.

표 8-4.

1984년 USGA의 실험조건 및 비거리와 전체거리를 3차원 골프볼 궤적프로그램(KH-Golf-Trajectory으로 계산한 값의 비교

항목 및 규격 (1984년 규정) (골프로봇실험)		USGA가 제시한 값	KH-Golf-Trajectory로 계산한 값	차이(%)
		전체거리 A (야드)	전체거리 B (야드)	(A-B)/A
헤드속도(mph)	109±0.5	291.2+5.6 (291.2~296.8)	288.0 (볼속도 160.2, 런치각 10도, 백스핀 2,520 , 온도 23.9에서 계산)	1.10% =3.2/291.2
볼속도(mph)	160.2±0.7			
런치각(deg)	10±0.5			
백스핀(rpm)	2,520±120			

전체거리는 3차례에 걸쳐 수정되었으며, 실험온도는 23.9℃±1.7℃이다.

표 8-5.

2004년에는 골프기술의 발달로 USGA와 R&A에서 제시한 좀 더 향상된 새로운 볼 실험조건과 전체거리와 KH-Golf-Trajectory로 계산한 값의 비교

항목 및 규격 (2004년 규정) (골프로봇실험)		USGA가 제시한 값	KH-Golf-Trajectory로 계산한 값	차이(%)
		전체거리 A (야드)	전체거리 B (야드)	(A-B)/A
헤드속도(mph)	120±0.5	317+3 (317~320)	315 (볼속도 174.5, 런치각 10도, 백스핀 2,520 , 온도 23.9에서 계산)	0.63% =2/317
볼 속도(mph)	256*			
런치각(deg)	10±0.5			
백스핀(rpm)	2,520±120			
*256fps는 볼이 거의 정상상태에 도달했을 때의 속도이다. fps : feet per sec				

이 값을 KH-Golf-Trajectory로 계산한 값과 비교한 결과이며, 실험온도는 23.9℃±1.7℃이다.

2004년 USGA 및 R&A가 제시한 전체거리와는 불과 0.6%의 차이

볼의 전체거리에 대한 USGA(미국골프협회)의 규정은 1976년 처음 시작하여 1984년 USGA는 헤드속도 109mph, 런치각 10도, 백스핀이 2,520rpm일 때 전체거리는 291.2(+5.6)야드를 넘어서는 안 된다고 규정하고 있습니다.

이것을 3차원 골프볼 궤적프로그램(KH-Golf-Trajectory)으로 계산한 값과 비교하면 전체거리에서는 약 3.2야드의 차이를 보이지만, 최대 전체거리 296.8야드를 고려하면 잘 일치하고 있습니다(표 8-4).

* 더 읽어보면 좋은 것…

2004 USGA와 R&A가 표 8-5과 같이 제시한 볼규정에 따라 계산하면 전체거리에서는 3170야드에서 불과 20야드의 차이인 3150야드가 됩니다. 헤드속도, 볼속도, 런치각과 백스핀의 오차범위를 고려한다면 KH-Golf-Trajectory로 계산한 값은 매우 정확하다고 볼 수 있습니다.

표 8-6.
약 2,000개의 타이틀 리스트 프로 V1 골프볼을 프로 3명이 2명씩 교대로 볼을 타격하여 트랙맨(TR로 표시)으로 측정한 자료

실험차수 골퍼	클럽	1 실외 KH/TR	2 실내 KH/TR	3 돔 KH/TR	4 실내 KH/TR	5 실외 KH/TR	6 실내 KH/TR	7 실외 KH/TR	8 실내 KH/TR	9 실외 KH/TR	10차 실외 KH/TR	평균(%) KH/TR
A	W1	3.8	3.8			0.9	3.3	0.3	2	2.9	3.5	2.56
B	W1	1	2.6			1.6	3.2	4.8	0.9	6	1.3	2.68
A	W3			1	3.1	1	3.3	2.3	2.3		2.9	2.27
B	W3			3.8	1.2	0.6	3.4	1	2.4		2.1	2.07
A	W5	1.6	2.6				2.2	0.7	2	5.2	1.4	2.24
B	W5	1.2	1.9				2.6	2.8	0.9	6.9	3.7	2.86
A	I3				1.4	2.4	1.3	2.2	1.6	2.3		1.87
B	I3				3.2	3.1	3.3	2.1	5.5	3.9		3.52
A	I5	1.4	2.4					1.5	1.1	0.3	3.5	1.7
B	I5	0.5	3.2					1.9	2	2.4	2.7	2.12
A	I7			4.6	0.1	2	1.4	1.7	0.4	2.8	4	2.13
B	I7			0.7	0.6	3.2	0.4	2.1	0.1	10.2	3.9	2.65
A	I8	1.2	0.9									1.05
B	I8	0.9	0.7									0.8
A	I9						1.8	1.6	1		5	2.35
B	I9						0.9	0.4	2.2		5	2.13
A	PW			2.3	2.2	1.7				3.8		2.5
B	PW			1.2	0.7	3.8				3		2.17
A	AW							0.9	0.5			0.7
B	AW								3.1			3.1
A	SW				4	4.1	5.1					4.4
B	SW				1.8	4.4	2.6					2.93
평균(%)		1.45	2.26	2.28	1.92	2.33	2.37	1.92	1.67	5.1	3.25	2.31

여기에서는 비거리만을 KH-Golf-Trajectory과 비교했다. 빈칸은 실험에서 클럽을 사용하지 않았거나 실수로 잘못 타격한 경우로, 제외시켰다.

\# 2,000개의 볼을 타격하여 자료를 수집했다. 2.3% 차이를 보
  이다.

3차원 골프볼 궤적프로그램(KH-Golf-Trajectory)을 개발하기 위해
필자는 수년 간 10곳 이상 장소에서 약 2,000개의 볼을 여러 조건에서 프
로들로 하여금 타격하게 한 다음 트랙맨으로 매번 측정하였습니다. 런치
모니터로 트랙맨을 사용한 이유는 PGA와 LPGA에서도 공식적으로 사용
하지만, 자체적으로 비거리의 정화성을 알려고 300m 줄자를 사용하여
드라이버부터 아이언 비거리를 측정해서 비교한 결과 1% 내외의 정확성
을 보였기 때문입니다.

실험 결과 그 차이는 표 8-6에서 보면 약 2.3%이지만, 바람 등 사이드
스핀을 고려하지 않고 백스핀만으로 계산해서 이 정도의 값을 얻은 것은
매우 고무적이라 할 수 있습니다.

표 8-7.
KH-Golf-Trajectory(KH)와 다른 관련 자료들과 정확도 비교(종합)

구분	해당 클럽	적용거리	KH와 차이(%)	조건	참고표
PGA 4년 평균	12개 클럽	비거리	2.6	기후/고도 변화 많음	8-1
LPGA 4년 평균	11개 클럽	비거리	1.7	기후/고도 변화 많음	8-2
TrackMan 제안	드라이버	비거리	1.1	70~120mph, 어택각	8-3
USGA(1984)	드라이버	전체거리	1.1	시험조건 분명히 제시	8-4
USGA(2004)	드라이버	전체거리	0.6	시험조건 분명히 제시	8-5
자체시험	11개 클럽	비거리	2.3	2,000개 볼 시험	8-6
평균			1.6		

고도, 온도, 바람 등의 정확한 정보를 참조할 수 없었다. 기후 및 오차를 고려하면 측정값과 KH로 계산한 값은 거의 일치한다고 할 수 있다.

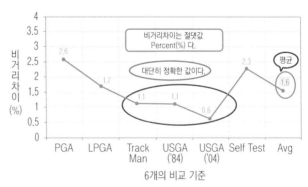

그림 8-1. KH-Golf-Trajectory(KH)와 다른 관련 자료들과 정확도 비교(종합)

평균 1.6%의 차이를 보이고 있다. 그러나 기후조건 및 오차범위를 고려한 다면 위의 측정값과 KH로 계산한 값은 거의 일치한다고 할 수 있다.

토픽 5
KH-Golf-Trajectory의 정확도 ●●●

    표 8-7, 그림 8-1에서는 PGA, LPGA 전체 클럽에 대한 4년 평균자료, 1984년에는 USGA, 2004년에는 USGA와 R&A의 규정에 따른 드라이버로 타격할 때 볼 실험조건에 따른 전체거리, 트랙맨 회사의 드라이버 헤드속도와 어택각에 다른 비거리 제안, 자체 실험한 비거리와 필자가 개발한 골프 볼 궤적프로그램인 KH-Golf-Trajectory(KH)와 비교하였을 때 그 차이를 평균 퍼센트(%)로 보여주고 있습니다. 그 차이는 불과 평균 1.6%로 매우 정확합니다.

표 8-8.
드라이버로 타격한 볼속도 124mph에서 최대비거리를 알기 위한 런치각과 스핀값

스핀 (rpm)	런치각(도)									
	8도	10	12	14	16	18	20	22	24	26
5,500	172	175	177	178	178	177	176	175	173	171
5,000	173	177	179	180	182	182	180	178	177	174
4,500	175	179	183	185	186	186	186	185	183	180
4,000	175	180	185	187	189	190	189	189	187	185
3,500	174	182	186	189	191	194	194	192	191	190
3,000	172	180	187	191	195	196	197	197	196	195
2,500	166	177	185	191	195	198	200	200	200	199
2,000	159	172	182	189	195	199	201	203	203	203
1,500	149	164	176	186	194	199	202	206	207	208

런치각 26도에서 스핀값이 1,500rpm일 때 최대비거리는 208야드이다.

토픽 6
3차원 골프볼 궤적프로그램으로 할 수 있는 것

3차원으로 회전 및 줌인-아웃(zoom-in/out)이 가능한 3차원 골프볼 궤적프로그램(KH-Golf-Trajectory)은 골프와 관련된 여러 가지 자료를 예측할 수 있고, 관련 용품 등의 개발 시에 응용할 수 있습니다. 관련된 내용을 요약하면 다음과 같습니다.

일반적인 내용

▼ 골퍼의 최대헤드속도에서 최대비거리를 알 수 있습니다.

▼ 골퍼의 헤드속도를 알면 최적 헤드로프트각을 알 수 있습니다.

▼ 골퍼의 헤드속도를 알면 최적 런치각 및 스핀을 알 수 있습니다.

▼ 헤드경로(club path) 및 클럽면(club face)의 각도와 목표(target)에 따른 클럽면 각도에 따른 수평방향 런치각(horizontal launch angle)과 옆 회전(side spin) 및 그에 따른 옆 방향 편차도 알 수 있습니다.

▼ 그라운드 앞·뒤 경사(ball above or below feet) 및 좌·우 경사(uphill lies or downhill lies)에서 정상 타격(Normal Shot), Technical Shot과 Trouble Shot 등을 모두 표현할 수 있습니다.

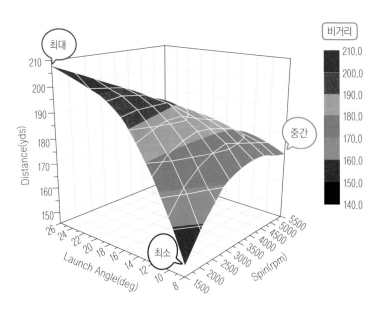

그림 8-2. KH-Golf-Trajectory를 이용하여 산출한 드라이버로 타격한 볼속도 124 mph에서 최대비거리를 알기 위한 것으로 런치각 26도, 스핀 1,500rpm일 때, 최대비거리는 208야드가 나온 것의 3차원 그림

표 8-10을 그림으로 표현했고. 편의상 영문을 그대로 사용하였다.

3차원 골프볼 궤적프로그램(KH-Golf-Trajectory)으로부터 만든 표 8-8과 그림 8-2는 볼속도 124mph에서 최대비거리를 알기 위한 런치각 과 스핀값의 예를 보여주고 있습니다. 볼속도 124mph인 경우 헤드속도 는 약 85mph입니다. 그림 8-2는 표 8-8을 그림으로 표현한 것으로 그 경향을 쉽게 알 수 있습니다.

▼ 어택각에 따른 비거리를 알 수 있습니다.

▼ 백스핀과 사이드스핀에 따른 비거리를 알 수 있습니다.

▼ 볼의 사이드스핀이나 옆바람에 의한 편차를 알 수 있습니다.

▼ 볼이 날아갈 때 최대높이를 알 수 있습니다.

▼ 클럽헤드의 인사이드-투-아웃사이드 및 아웃사이드-투-인사이드 에 따른 비거리 및 사이드 편차를 알 수 있습니다.

▼ 볼이 지면에 떨어질 때 착지각(landing angle)을 알 수 있습니다.

▼ 볼의 비행시간을 0.1초 단위로 알 수 있습니다.

▼ 바람(360도), 온도 및 고도에 따른 비거리를 알 수 있습니다.

▼ 오르막 경사 및 내리막에서의 비거리를 알 수 있습니다.

응용

▼ 골프장에서 오르막 및 내리막 페어웨이에서의 비거리 예측

▼ 골프연습장에서 비거리 예측

▼ 스크린 골프에 응용

▼ 피팅샵에서 골퍼에 따른 헤드 로프트각 및 최대 비거리에 응용

▼ 골프학과 교수 및 교습 프로

▼ 골프 전공학생

▼ 골프게임 등

3차원 골프볼 궤적프로그램(KH-Golf-Trajectory)은 사용자에 따라 매우 다양하게 응용할 수 있습니다.

참고문헌

1) http://www.longdrivers.com

2) KH-Golf-Trajectory(3차원 골프볼 궤적프로그램)

3) 김선웅, 김창국, 김태윤(2012). 골프원리를 알면 10타가 준다(두번째 이 야기). 대경북스.

4) http://www.yourbestgolfnow.com/2012/05/15/secret-hitting-solid-golf -shots-time/

5) http://golfgurls.com/the-secret-to-solid-shots-with-your-golf-irons/

6) http://www.trackman.dk/

7) http://www.tutelman.com/

8) http://www.craftsmithgolf.com/Stance.htm

9) Steven J. Quintavalla, Ph. D. "Experimental Determination of the Effects of Clubhead Speed on Driver Launch Conditions and the Effects on driver Distance for Balls Used by the PGA Tour" USGA Technical Report RB/ cor 2006-01. *USGA Research Engineer*, April 19, 2006.

10) http://www.csfa.com/tech29.htm

11) http://www.csfa.com/tech16.htm

12) Ian C. Kenny, Eric S. Wallace, & Steve R. Otto(2008). "Influence of shaft length on golf driving performance" *Sports Biomechanics*. September 2008; 7(3) : 322 – 332.

13) http://www.pgatour.com/stats/stat.101.html

14) Steven J. Quintavalla(2002). "Golf Ball Performance Evaluation Using High-Volume Indoor Aerodynamic Testing". *ITEA Journal*, December 2001/January 2002, pp. 21-25.

15) "United States Golf Association and R&A Rules Limited, Actual Launch Conditions Overall Distance and Symmetry Test Procedure" (Phase II) USGA-TPX 3006 Revision 2.0.0 February 28, 2011, "This document details the procedure for evaluating the conformance of golf balls using Actual Launch Conditions and the Indoor Test Range."

16) Theodore P. Jorgensen(1999). *The Physics of GOLF, Second Edition*. Springer-Verlag.

17) http://www.gorhamcountryclub.com/golftipsolidshots.htm

18) http://golfcrisis.blogspot.kr/2010/06/rule-13-1-golf-ball-hit-fairway-and.html

19) Ball Flight Laws from Golf Evolution. http://freegolfswingtips.com/ball-flight-laws-from-golf-evolution/

20) Bearman, P.W. Harvey, J.K. (1976). "Golf Ball Aerodynamics." *Aeronautical Quarterly*, 22, pp.112-122.

21) Chou, P.C., Liang, D., Yang, J, Gobush, W.(1994), "Contact Foces, Coefficient of Restitution, and Spin Rate of Golf Ball Impact", *Science and Golf II, E & FN Spon*.

22) Cochoran, A.J. (1998), "Development and Use of One-Dimensional Models of a Golf Ball", *Science and Golf III, Routledge.*

23) Quintavalla, S.J. (2001), "Golf Ball Performance Evaluation Using High-Volume Indoor Aerodynamic Testing." *ITEA Journal, 22, 4.*

24) Quintavalla, S.J. (2002), "A Generally Applicable Model for the Aerodynamic Behavior of Golf Balls", *Science and Golf IV, Routledge.*

25) Quintavalla, S.J. (2004), "Finite Element Model of the Impact Behavior of a Golf Ball." *USGA Test Center Report RB/mat* 2004-01.

26) Quintavalla, S.J. and Johnson, S.H. (2004). "Extension of the Bergstr-Boyce Model to High Strain Rates," *Rubber Chem. and Tech., 77 (5).*

27) http://www.brianmanzella.com/golfing-discussions/11013-finally-d-plane-pic-manzella.html

28) http://perfectgolfswingreview.net/slice.htm

30) Dave pelz(2006). *Short Games Bible.* 원형중 옮김. 학원사.

31) Scott K. Perry, The Proof Is in the Putting. *Physics Department,* American River College, Sacramento, CA 95841.

32) Brian W. Holmes, Putting: How a golf ball and hole interact. *Department of Physics,* San Jose State University, San Jose, California 95192.

저자소개

김선웅

고려대 물리학 이학사, 이학석사, 이학박사
국방과학연구소(국방과학 대상)
고려대 과학기술대학 학장 및 의용과학대학원 원장
현 고려대 디스플레이・반도체 물리학과 명예교수
피팅스쿨 3곳 수료
『골프, 원리를 알면 10타가 준다. 1, 2』의 저자
『골프문제집 500제』의 저자
중앙일보 골프 과학칼럼 12회 연재(2007년 9~11월)
KH-Golf-Trajectory(골프볼 궤적프로그램) 개발자
연구논문 총 215여 편(SCI 50여 편, 골프역학 논문 5편)

김창국

중앙대학교 체육교육학과 체육교육학사
고려대학교 대학원 체육학석사
고려대학교 대학원 이학박사
Auburn University Post doctor
University of Maryland at College Park Visiting Professor
현 고려대학교 국제스포츠학부 교수
　한국사회체육학회 회장

이근춘

건국대학교 대학원 이학석사
건국대학교 대학원 이학박사
한남대학교 골프레저학과 교수
1988년 프로 입문
TJB 골프 해설위원
『눈으로 보는 골프심리학 및 골프스윙』 저자
『골프문제집 500제』의 공동저자
사이언스 골프스윙분석프로그램 개발
논문 "스포츠 목표설정과 동기유발의 관계성" 외 다수

김태윤

고려대학교 체육교육학과 학사
고려대학교 대학원 체육학 석사
고려대학교 대학원 이학박사
현 고려대학교 강사

원리를 알면
나도 골프황제

초판인쇄/2014년 10월 25일・초판발행/2014년 11월 1일
발행인/민유정・발행처/대경북스・ISBN/978-89-5676-508-2

등록번호 제 1-1003호
서울시 강동구 풍성로51길 17(성내3동 409-5) 서림빌딩 2F
전화:(02)485-1988, 485-2586~87・팩스:(02)485-1488
E-mail:dkbooks@chol.com・http://www.dkbooks.co.kr